Vicentino

O Pardalzinho de Estimação

Vicentino;
O Pardalzinho de Estimação...
Feliz para a foto!

O Pardalzinho de Estimação

Felício Pantoja

Caçapava – SP
São Paulo

1ª Edição - 2019

1ª Edição - fevereiro de 2019
ISBN: 97817-9463-3834

Imagens da Capa
Designed by Pixabay
Grátis para uso comercial
Atribuição não requerida

Edição e Criação da Capa
Felício Pantoja

Fotos Miolo
Felício Pantoja

Dedicatória

A esta criaturinha especialmente enviada por nosso Salvador, Yeshua - Ha´Maschiach (Jesus – o Messias) para nos mostrar o que é o amor em ação, mesmo nas pequenas ações, pois... "Por mais fraco que sejamos, o Criador cuida de nós!"

Vicentino, criado por YHWH - (Yahueh),
posto em nossas vidas para mostrar que tudo
que existe neste mundo, tem a mão de Elohim!
O pardalzinho que mudou nossas atitudes!
"Bendito seja, porquanto, conosco estais!"

Vicentino Bergman Pantoja.

Minha Gratidão

Grato sou por conhecer a Tua Palavra, que é a Verdade; meu Elohim (Deus) YHWH (Yahueh); Criador Eterno dos universos, e pela tuas incontáveis misericórdias.

Também sou grato a ti, meu Elohim (Deus), pelo privilégio e honra de poder viver ao lado de uma mulher virtuosa e honrada, pois o seu valor em muito ultrapassa os das mais finas joias; e também de uma filha do coração, que enviastes a este mundo, (Heloísa Bergmann).

Que ambas possam ser abençoadas por ti em suas vidas!

O Autor.

Vicentino;
O Pardalzinho de
Estimação...

Sumário

prefácio

Sinceramente, esta história traz uma mensagem de amor incrível! Quando vidas foram e ainda são postas em ação em prol de outras vidas, independentemente de quais delas estejamos nos referindo; seja ela de um ser humano, ou mesmo de um ser animal. Vida é vida e todas foram criadas por Elohim (Deus), quanto a isto não se discute e jamais podemos negar sua existência!

Para nós, que tivemos o privilégio de receber este ser tão frágil e ao mesmo tempo tão resiliente, que nos ensina a cada dia o que é viver nas dependências das graças do Eterno – seu Criador, corroborando com suas afirmações, quando aqui esteve como nosso Salvador na pessoa de Yeshua Há Maschiach[1] (Jesus – o Messias).

As Sagradas Escrituras contêm as palavras do nosso YHWH (Yahueh)[2], que nos ensina a termos mais fé naquele que tudo pode e não ficarmos dependendo só das nossas habilidades, ou do quanto de riquezas nós temos. Por este motivo, ele mesmo nos instruiu a ficarmos calmos e na dependência d`Ele. Veja o que nos recomendou:

"Por isso vos digo: Não andeis cuidadosos quanto à vossa vida, pelo que haveis de comer ou pelo que haveis de beber; nem quanto ao vosso corpo, pelo que haveis de vestir. Não é a vida mais do que o mantimento, e o corpo mais do que o vestuário?

---

[1] Yeshua Há Maschiach: Jesus – o Messias. É uma das manifestações de YHWH (Yahueh) – O Eterno Criador de todas as coisas vivas e inanimadas existentes neste e em outros mundos.

[2] Yahueh: Nome verdadeiro de YHWH (o Eterno Criador) e deve-se pronunciar "IAUÊ".

Olhai para as aves do céu, que nem semeiam, nem segam, nem ajuntam em celeiros; e vosso Pai celestial as alimenta. Não tendes vós muito mais valor do que elas? " - Mateus 6:25-26.

Depois destas palavras, podemos aquietar nossos corações, pois até Vicentino foi amparado, quando tudo e todas as circunstâncias contribuíam para sua total destruição. Mas quando existe alguém que cuida do que é seu, as coisas tomam rumos diferentes e inesperados, porém, já pré escritos por Ele - (o Elohim Criador), no destino do seu protegido! Um pequenino ser que nos traz lições preciosas de vida e fé!

Confira!

O Autor.

◆ ◆ ◆

prólogo

ste pardalzinho literalmente caiu dos céus! Sem penas, muito feio e sem nenhuma chance de sobrevivência, ele veio para nos "pôr em xeque"[3] diante de algumas visões, pensamentos e atitudes que temos como seres humanos.

Como pode um ser tão ínfimo de apenas oito gramas trazer consigo a capacidade de transmutar pensamentos, costumes, tendências e quebrar tabus que são arraigados por uma vida inteira, mas que diante do amor deste animalzinho, essas fortalezas são despedaçadas como areia?

Tudo isso e muito mais você vai encontrar nesta "Saga" de uma ave que não pediu para nascer, mas que é uma verdadeira fortaleza, rica de bons exemplos de vida para qualquer ser humano querer se espelhar!

Vicentino é uma avezinha tão linda e amável que transformou para melhor nossas vidas, tanto os pensamentos e as palavras, quanto as atitudes. Afirmo isso, pois se hoje agimos diferentes de ontem, simplesmente porque nos foi dado a oportunidade de entender como pode chilreados, penas, sustos, gaiolas, médicos veterinários, carros, ataques, choros, sorrisos, amor, carinhos e muito mais coisas acontecendo de uma só vez, já fazer parte de uma vida ainda em crescimento, que em breve iria nortear outras vidas de seres humanos tão equilibrados e concisos de si. É esplêndido e incrível o poder do amor de Elohim (Deus), que foi adicionado pela essência criadora do Altíssimo sobre suas criaturas aqui nesta Terra! É de fato que o amor está arraigado na natureza.

---

[3] **Pôr em xeque:** Duvidar do mérito, do valor, da importância de; ameaçar.

Por isso afirmo que não existem acasos, mas sim providências divinas que nos farão trilhar caminhos que jamais saberíamos como alcançá-lo se, por ventura, não fossem pré-estabelecidos por alguém que detém toda a força e o poder sobre cada uma das criaturas existentes.

Diante desta pequenina ave, imaginando sua trajetória de vida, ainda fico a meditar sobre determinados conceitos humanos que cultivamos em nossos corações, tais como; superioridades, egoísmos, falsidades, superegos, e coisas vis como essas que praticamos diariamente, cujas maldades estão entranhadas e encrustadas em nossos corações. E ainda por cima, nos denominamos "a raça superior". Seríamos mesmo? Até onde um ser superior praticaria tais leviandades? Fica aqui a questão!

Assim, com uma vida simples, totalmente dependente, sem nenhum mal em si, e sem comparação com o que os humanos tem em seu ser, ela simplesmente, como um anjo divino, vem em nossas vidas e muda vários conceitos. E continua nos ensinando que a vida é mais que viver!

Com tudo isto, também espero que a sua vida seja impactada pelas aventuras deste ser tão maravilhoso, que nos deu a oportunidade de exercitarmos o dom do amor! Um aprendizado sublime e sem igual...

Esta é a vida do nosso pardalzinho de estimação – Vicentino!

Espero que gostem das histórias que vão ler, pois elas aconteceram conosco, sem eu pudéssemos evitá-las!

O Autor.

Agradecimentos

Ao Eterno Elohim, pela singela oportunidade de poder demonstrar seu amor a uma vida tão frágil e ao mesmo tempo tão sublime. Nosso Pai, o Salvador e mentor de todas coisas vivas e inanimadas, o Eterno YHWH (Yahueh), pela graça e amor concedido a todos nós, te agradeço de alma e coração!

A Heloísa, minha enteada, pela sua dedicação absoluta nos cuidados com Vicentino, afinal foi ela que o encontrou com apenas um dia de vida! E tão importante quanto, à minha esposa Margarida (Guida) que, com sua incondicional virtude materna, dedica, com maestria, amor, carinho e toda atenção ao nosso Vicentino, à sua filha e a mim!

Por tudo isto e muito mais... Meu "Muito obrigado".

◆◆◆

Vicentino;
O Pardalzinho de Estimação
da família Bergmann Pantoja!

Introdução

Não haveria outra maneira de eternizar esta minúscula, porém, sensacional aventura, que é a trajetória de vida de um pequenino pardalzinho, que nos ensina a cada momento que não devemos ter em mente o materialismo, mas outras qualidades inerente e necessárias a mantença da vida nesta terra!

Vocês terão momentos de puras emoções, quando souberem do que Vicentino é capaz e o que ele já enfrentou, nesta sua curta caminhada de vida, para se tornar um sobrevivente da natureza!

Nas matas da vida não existem fracos, pois somente os mais fortes sobrevivem. Entretanto, nem só de força é feito o mundo, até porque, a fé, a esperança e o amor (atributos intangíveis) fazem parte da nossa existência espiritual.

Mesmo sabendo que os animais não têm um espírito, mas são almas viventes, eles sentem dores, frio, fome, angustia e tudo o mais que sentimos. Seus instintos os mantêm afastados dos perigos, que muitas das vezes os levam direto para a morte. Ter medo é muito bom, até porque, sem ele corremos riscos desnecessários. O medo faz com que todos os seres vivos animais sejam cautelosos em suas ações, mesmo que estas contenham momentos de extremo perigo. Com bons ensinamentos, cuidado e treinamentos práticos, se domina os perigos da vida e, com certeza, eles poderão ser superados com maestria.

Vicentino é um sobrevivente que, desde o primeiro dia da sua existência, a vida lhe deu muitas lições, a começar pela queda de um telhado muito alto. Cremos que um fator foi vital para que a nossa mascote sobrevivesse aquele desastre terrível, pois deduzimos que, devido ao seu peso ínfimo, quase insignificante, quando ainda filhotinho caiu do ninho onde nasceu! Sem saber a razão, acreditamos que o ar deve ter amortecido sua queda e isto, provavelmente, salvou-lhe a vida. E hoje ele é uma ave feliz em nossa casa onde já é parte da família e é amado por todos! O Vicentino é o que se pode dizer de um verdadeiro sobrevivente neste mundo onde os fracos não tem vez. Você poderá conferir essas verdades no capítulo três, onde, pela segunda vez esta avezinha sobrevive a mais um ataque do destino contra sua vida! Sabe-se lá Deus o que este ser tem a nos ensinar, mesmo sendo ele um pequenino pardal, onde, seu peso total agora não passa de nada mais, nada menos, que vinte gramas. Já imaginou isto? Ser ensinado com exemplos de um ser de vinte gramas é tão engraçado quanto um elefante ser carregado por uma formiga. Mas são as pequeninas coisas da vida que fazem as grandes diferenças, e são estas que nos dão as mais belas e grandes lições! E isto deve ser levado em conta!

Este pardalzinho é super magnífico! Ele representa o que de mais sublime o Criador pode cuidar neste planeta gigante, com muitas coisas que jamais compreenderemos, mas que foram criadas com um propósito, sendo o minúsculo Vicentino um destes! Tenho certeza!

Por esta e por muitas outras razões que passei a contar neste pequeno livro, as mirabolantes e mais fantásticas histórias da vida de um pardalzinho que sobreviveu à morte, por mais de uma vez.

Fica aqui os meus sinceros agradecimentos ao querido leitor por dedicar o seu precioso tempo neste entretenimento salutar, que é a leitura de uma história mais do que real... As aventuras de Vicentino; o pardalzinho de estimação da família Bergmann Pantoja!"

Desejo-lhe uma ótima leitura!

O Autor.

Capítulo 1

Um Achado Incrível!

Olá humanos pequeninos deste mundo afora! Tudo bem com vocês? Vocês gostam de histórias? Pois é, aqui quem vos fala é o "Contador"... Isso mesmo; o "Contador" de histórias! E vou começar contando uma história com "H"! Sim.... Podem acreditar! Uma história com "H", pois esse caso aconteceu de verdade. Então prestem bem atenção! E foi assim...

Existe uma certa família que mora em uma cidadezinha bem pequenininha, no interior do estado de São Paulo aqui no Brasil.

Família esta que é composta de três pessoas; o pai, a mãe e uma filha. Estas pessoas são daquelas que gostam de animais, da natureza, da chuva, do vento e de tudo que lembre o Criador, inclusive das criancinhas, pois delas é feito "Reino de Elohim (Deus)".

Nesta família, tem uma menina que estudava e sempre dizia a todos que um dia, quando crescesse, queria ser veterinária.

— Sabem o que é veterinária?

— É aquela pessoa que cuida dos animais quando eles ficam doentes ou se machucam. Esse era o sonho dela! Pois então...

— Ela cresceu, cresceu e cresceu, foi estudando cada dia mais, tirando boas notas na escola e sempre obedecendo a sua mãe, para alcançar seu sonho de ser um dia uma ótima veterinária, já que o amor que tinha pelos bichinhos era muito grande e não queria fazer outra coisa na vida que não fosse cuidar deles. Por isso escolheu ser "veterinária".

Assim sendo; o tempo foi passando, ela estudou, passou em todos os testes que foram determinados nas escolas e quando se formou no segundo grau... Pimba! Ela estava indo muito bem nos estudos!

– Sabem o que é o "Segundo Grau"? - É aquele período em que saímos do primeiro grau! Ahhhhh! Te peguei!

Brincadeirinha! O segundo grau é o período de três anos que estudamos antes de entrar na faculdade, principalmente aqui no Brasil. Mas para isso é preciso fazer algumas provas, tipo o vestibular ou do ENEM[4], mas este assunto já é outra coisa... Vamos deixar para lá!

– Então, vamos saber o que aconteceu com a menina?

– Poxa! Ninguém perguntou o nome dela! Sabe.... Vamos dar um nome para esta menina... Alguém arrisca um palpite?

– Sim! - Grita alguém lá no meio da roda de crianças.

– Pois bem, diga! – O "Contador" escuta com atenção a sugestão.

– Entendi! Mas alguém arrisca outro nome?

– Você! Qual o nome que daremos para esta menina? Outra criança sugere um segundo nome e este foi aceito...

– Entendi! Pois bem pessoal... Vamos continuar!

– Como este caso aconteceu de verdade, vamos dar um nome diferente do para menina, a protagonista desta história real...

... No meio da roda, alguém levanta o dedinho e pergunta:

– Mas o que é protagonista?

O "Contador" responde de bate e pronto para atender o pequenino curioso!

---

[4] **Enem** é a sigla de Exame Nacional do Ensino Médio, que foi criado pelo Ministério da Educação e Cultura (MEC) para testar o nível de aprendizado dos alunos que concluíram o ensino médio no Brasil.

– Não vamos explicar tudo, mas para matar sua curiosidade, vou responder! É a personagem principal da história. Se fosse um filme, seria o artista principal! Entenderam isso pessoal? Pois bem, vamos recomeçar de novo!

– Sim, mas e o nome da menina? Conforme a sugestão do segundo candidato que respondeu, ela se chamará Heloísa! Tudo bem? Se não, depois vocês fazem uma votação e escolham outro nome! Certo?

– Então vamos saber o que aconteceu com Heloísa? - A história começa assim:

Certo dia, quando já estudava o curso de veterinária, (aquele que as pessoas que gostam de animais fazem para poder cuidar deles com aprovação do governo)... Sim, isso mesmo que vocês ouviram! Tem que ter a aprovação dos CFMV/CRMV – Conselhos Federal e Regionais de Medicina Veterinária, que são regidos pelas Leis Federais que determinam que só será permitido o exercício profissional da Medicina Veterinária e da Zootecnia aos profissionais regularmente inscritos no Sistema. Ninguém pode administrar remédios para os animaizinhos sem ter qualificação ou curso que comprove sua capacidade para fazer isto.

Ela (Heloísa), a menina que ama os seres vivos, estudava muito para alcançar este objetivo e ser qualificada para tratar dos animaizinhos. Tudo bem até aqui? Jamais devemos esquecer este detalhe! Então vamos saber o que aconteceu nesta história! (Poxa, que volta!) - Risos. – Vamos lá! - A menina Heloísa já estava no período do estágio[5], quase se formando, pois de tempos em tempos era necessário ir a clínica de

---

[5] **Estágio:** Período de prática em posto, serviço ou empresa para que um médico, um advogado etc. se habilite a exercer bem sua profissão. Por extensão; qualquer período preparatório.

um amigo, já veterinário formado, onde ela prestava e fazia o tal "estágio". Mas o melhor ainda estava por acontecer....

Um certo dia, daqueles em que nada acontece de novo, um dia como outro qualquer, mas naquele, especialmente, foi diferente; aconteceu algo que mudou tudo. Tudo mesmo! Heloísa já havia terminado seu período de trabalho e se preparou para deixar a clínica, mas precisou se dirigir à parte detrás da casa onde era instalada a clínica veterinária, viu algo que mudou seu dia. Pronto! O que era aquilo? Ali começava uma "Saga[6] de Vida e Morte". Vocês entenderão o porquê desta afirmação.

Atrás da clínica é um terreno pequeno de uma casa comum, pois a clínica é instalada nesta casa onde o dono também mora, só que em outros compartimentos. De um lado tem vizinhos, como em qualquer bairro residencial. Porém, existe uma parte abaixo do alpendre traseiro do telhado que é uma área comprida gramada que evita que águas das chuvas respinguem nas paredes quando chove. Heloísa ouve alguns chilreados de filhotes de pássaros. Atraída, fica atenta para aqueles sons. Procurou prestar atenção para o local exato de onde vinha os desesperados trinados e, bem naquela grama, se debatendo e gritando, o que ela vê! Um pequenino filhotinho de passarinho caído no chão sobre o solo verde daquela relva de gramas. Realmente "um achado incrível"!

– Ufa! Que susto! Quase pisei nele! – Exclamou Heloísa consigo mesma naquele momento e, ainda se recuperando do susto e do quase acidente que ela mesma iria provocar se tivesse pisado no pequenino, que ali desesperado se debatia e piava muito. Então correu para socorrê-lo. Era um pobrezinho de um filhotinho caído na grama, abandonado, agonizando, não se sabe se piava devido à fome, se estava ferido ou se somente assustado. Talvez até devido ao longo tempo que já estaria ali. Era apavorante estar naquela situação desesperadora!

---

[6] **Saga:** História repleta de incidentes: Minha vida é uma saga sem fim!

Imaginem vocês! Um ser totalmente indefeso, prestes a ser capturado por um gato, ou mesmo pisado por alguém que passasse por ali despercebidamente, tal qual, quase acontecera com a própria Heloísa. Imaginem como seria o fim daquele animalzinho! Mas antes que o pior acontecesse, Heloísa, ainda estupefata e se recuperando do susto que acabara de ter, ao ver aquele minúsculo corpinho, todo depenado e de olhos fechados ainda, (pois não havia nenhuma pena nele); quase foi morto por alguém que adora cuidar de animais. Seria um terror para Heloísa se tal coisa tivesse acontecido, mas graças ao bom Deus, isso não aconteceu. Com certeza estava com medo, frio e fome, no mínimo!

Heloísa pegou o fraco, pequeno e desprotegido filhotinho de passarinho e com muita delicadeza colocou no centro de sua mão. Ele gritava com chilreados agudos, talvez pelo frio e fome! Quem sabe, mais medo! Já nas suas mãos, estas que não são muito grandes, por ser tratar de uma menina, cujas mãos são menores do que as dos homens, (assim é por natureza humana), o pequenino estava protegido. Pelo menos por enquanto! Ela olhou para aquele serzinho que, digamos de passagem, não tem um aspecto muito elegante, pois seu bico é largo para receber a comida que sua mãe lhe traz diariamente. Ainda com as marcas características do prematuro, ele já era um sobrevivente daquela situação!

Claro que algo muito estranho aconteceu com aquela família de passarinhos, pois ele estava no chão gramado e não no ninho como deveria estar. Heloísa simplesmente pensou! - "O que será que deve ter acontecido para que este animalzinho esteja aqui jogado neste gramado?"

Não fiquem pasmos, mas os animais na natureza agem diferente de nós, como os humanos atuam com seus filhos. Por exemplo: - Os animais têm instintos, enquanto nós temos raciocínio. São coisas diferentes. Não é por maldade, mas a natureza dotou os animais de uma espécie de preservação da espécie, onde o somente os mais fortes sobrevivem para continuar a proliferação da espécie. Entenderam isto?

Se os fracos sobreviverem, eles podem dar origens a animais fracos e assim a espécie corre riscos, pois na natureza eles caçam todos os dias e devem sempre se superar em tudo que fazem; do contrário, vão morrer e com eles (os fracos); lá vai a espécie para a extinção. Entendem isto? Não tem nada de maldade nesta atitude naturalmente instintiva das espécies animais do nosso planeta Terra. É um assunto de seletividade natural para conservação da espécie, onde, cada vez mais o forte sobrevive.... Assim é a vida selvagem na natureza animal! Já este conceito para os humanos tem outras questões éticas, morais, culturais, etc., etc., para serem analisadas, o que não cabe fazer isto aqui e agora.

Olhando para cima, da direção em que fora achado o pequeno pardalzinho, podia ser visto o beiral do telhado ao alto e, supostamente, ela deduziu que o ninho fora feito naquele telhado, pois não havia outra lógica para que um pardalzinho fosse encontrado ali naquele local se não tivesse vindo do alto. Isto é, caído do telhado! Imagine só a queda!

No mesmo instante Heloísa ligou para sua mãe contando o ocorrido! Por sua vez, sua mãe, mais que rapidamente se preparou para receber o ilustre visitante, que no futuro passou a ser um morador fixo.

Porém, para que Heloísa trouxesse o pequenino achado para sua casa, travou-se um verdadeiro estudo mirabolante de como conduzi-lo, pois deixá-lo ali seria sua morte certa, haja vista, ela estava sozinha e precisava dirigir o carro de volta e, ao mesmo tempo, tomar conta do pequenino... E agora! Como fazer isto? Teria que ser esperta e, neste momento, suas habilidades de motorista foram postas à prova. Ela tinha como transporte um fusca azul, cujo compartimento, ao qual mais se parecia uma pequena gaiola que pudesse trazer o pequenino passageiro foi o porta-luvas. Atribuindo-lhe mais uma utilidade para o porta-luvas do seu fusca, colocou ele lá dentro, mantendo-o aberto, para que pudesse vê-lo o tempo todo em que demoraria a viagem até sua casa.

Assim, o canhestro[7] protegido veio dentro do porta-luvas de um fusca a caminho de sua nova casa; a residência dos Bergmann Pantoja.

Pois bem, vamos continuar e saber o que aconteceu com o filhotinho sobrevivente, agora já em sua nova residência....

– Um nome! Será que teremos um nome para ele, ou seria ela?

– Está bem! Está bem! - Vamos em frente e depois veremos qual será o nome dele...Ou dela? Não sei... Vamos continuar! - Onde parei?

– Bem, recapitulando...

Heloísa guardou o pequenino e frágil animalzinho no porta-luvas do fusca e o trouxe-o para sua casa. Antes, já colocou a par sua mãe sobre o ocorrido e que ela se preparasse para receber o ilustre morador!

Chegando em casa, sua mãe já o esperava, e pela expressão entusiasmada do seu rosto, notava-se que ela ficou super feliz com a surpresa, porém, os comentários vieram, dos mais simples, aos mais absurdos!

– Será que ele foi expulso do ninho por ter alguma doença?

– Será que ele tem alguma deformação genética?

– O que será que pode ter acontecido para ele estar fora do ninho?

Sabem como são as mães, quando começam a perguntar, não param nunca mais! E a mãe de Heloísa não é diferente das outras. Quer saber de todos os detalhes em frações de segundo, aí dispara a perguntar. Sai uma atrás da outra como se fosse "metralhadora de questões"! Todas estas perguntas a mãe de Heloísa e ela mesma se faziam o tempo todo. Mas jamais iriam saber de verdade o que colocou aquele ser tão mofino e indefeso fora do ninho! Algumas respostas podiam até serem cogitadas, mas saber a verdade, certamente, isto jamais descobririam.

Então não me perguntem o que aconteceu para que o pirralho filhotinho estivesse caído na grama.... Talvez tenha sido expulso do ninho por seus pais ou por algum animal, (mas se fosse animal, ele estaria

---

[7] Canhestro: Pequeno

ferido, ou mesmo morto e nunca vivo), pois não tinha como se defender. Talvez o vento! - Mas que mãe faria um ninho em que o vento derrubaria seus filhotes de lá? Analisando bem, sabe que pode até ter sido o vento, mesmo! Aqui nesta região há ventanias repentinas... E com estes ventos impetuosos, quem sabe, uma queda pode ter ocorrida! Mas tudo isto são apenas suposições, pois a verdade do que aconteceu, jamais saberemos. Há muitas possibilidades, mas só Deus sabe!

Vejam que não há como saber ao certo o que aconteceu com aquele filhotinho, aquela minúscula ave indefesa. Ele devia pesar umas oito gramas, no máximo... Se muito fosse isso! Então, com esse peso, qualquer vento o arrastaria, não precisa ser uma ventania forte demais para fazer este estrago de lançar um filhotinho tão leve para longe do ninho.

– Lá vem o Sherlock Holmes avícola! Ah, Ah, Ah! - Ouve-se alguém gritando e dando risadas no meio da roda! Neste momento lúdico, todos acompanham com belas gargalhadas infantis o que ouviram.

– Silêncio por favor! Pediu o "Contador" educadamente. Vamos ouvir o restante da história? Muito bem, então vamos continuar!

Bem, o mais importante é o que estava por vir depois...

Como não se sabia onde estava seu ninho, quem eram seus pais, ou qualquer coisa que ajudasse a resolver aquela situação, o caso estava encerrado, pois o que não se pode remediar, remediado está!

Mesmo porque, se colocarmos um filhotinho em outro ninho que não seja o de sua mãe, com certeza ele será morto, pois os animais são muito seletivos com suas ninhadas. Lembram do "instinto"? Sim, é isto que acontece. O instinto faz com que as aves saibam diferenciar suas crias das demais. Então, mesmo que fosse achado um ninho, não se poderia ter certeza de que aquele era o ninho do qual ele caiu ou foi expulso. E ainda tem mais.... Mesmo se fosse o ninho correto, e se foi mesmo a mãe que o expulsara por causa de alguma coisa que nós ainda não conhecemos, mas que só ela sabe instintivamente, ela o derrubaria de novo e ele não sobreviveria pela segunda vez. Duvido que duas vezes ele teria a mesma sorte de alguém poder salvá-lo!

O importante é que agora ele tinha ganho uma outra mãe, uma mãe humana, com raciocínio e instinto de preservação também.

Ali estava uma bela oportunidade de Heloísa praticar, (já que era estagiária), uma bela ação de uma verdadeira defensora dos animais e amante da natureza, estudiosa e louca pelos pequeninos desamparados. Fazer o quê com o... Veio-lhe uma pergunta à mente: – "Qual seria o nome daquele filhotinho?"

– Alguém sabe? Pergunta ao ar e a roda de crianças solta um "Ãh!"

– Mas à frente vocês vão ver o que aconteceu com o nome do filhotinho recém adotado por Heloísa. Vocês vão ter uma bela surpresa...

– Então, vamos saber mais um pouco a respeito desta história interessantíssima? Pergunta feita a garotada, e logo se ouviu a resposta!

– Sim "Contador"! Por favor, continue! – Responde alguém curioso.

O filhotinho fora identificado por ser um "pardalzinho". Tinha tudo para ser um, pois se parecia com os filhotes dos pardais que conhecemos. Mas claro que tudo poderia ser diferente. Quem sabe se ele era um sabiá, um canário, ou um trinca ferro. Mas devido à grande incidência desta espécie (os pardais) na zona urbana, e confrontando aos conhecimentos adquiridos na faculdade, Heloísa sabia e tinha certeza de que aquele filhote era um pardalzinho que caiu do ninho.

Agora resta saber qual nome se daria aquele mais novo morador da família de Heloísa. Primeiro era identificar qual o sexo. Se era um machinho, ou uma fêmea. Realmente uma tarefa difícil. Só os especialistas sabem dizer qual o sexo das aves, principalmente, em se tratando de um filhotinho que deveria ter um dia de nascido, no máximo!

Depois de inúmeras investigações, via fotos, pesquisas na internet, conhecimentos científicos de especialistas no assunto e coisas do gênero, juntamente com a opinião de sua mãe – uma excêntrica conhecedora da natureza, por assim se conceder a prerrogativa do título, sua matriarca deduziu ser aquela filhotinha uma fêmea. Claro que a torcida feminina é sempre pelas fêmeas – o corporativismo do sexo. E logo após tal conclusão, veio o nome do filhotinho, ou melhor, da filhotinha de pardal... "VICENTINA"! A última palavra foi a de sua mãe Margarida que afirmara ser aquela uma pardalzinha. Então o dito não foi contestado e aprovado sem restrições...

Pois bem! Nasceu ali mais uma identidade feminina da espécie mais abundante no mundo; a pardalzinha Vicentina! Claro que ela deveria ser alimentada constantemente e logo foram providenciar os preparativos para a mais nova moradora do lar da família Bergmann Pantoja.

Vocês não imaginam o ritual que é acomodar uma nova moradora com aquelas características inusitadas. Primeiro uma caixinha, forrada com tecido macio foi providenciada, como se fosse um ninho para mantê-la aquecida. Isto foi o essencial, entretanto, ela teve por dias que dormir entre os seios de Heloísa, pois precisava ser aquecida e vigiada o tempo todo. Daquele tamanho e tão frágil que era, sua temperatura corporal caia absurdamente nos períodos noturnos, e se ficasse descoberta por muito tempo talvez não sobrevivesse. Sendo assim, Heloísa teve que colocá-la diretamente em seu corpo, para lhe transferir calor e assim mantê-la aquecida as noites. Claro que isso provocou um certo desconforto em Heloísa, e uma dose de sacrifício tinha que ser cobrada, com um preço teve que ser pago. Para dormir, os cuidados e atenção redobraram. Não poderia se virar, senão a mataria por esmagamento. Era um ser tão minúsculo que qualquer coisa feita a ele, como pressionar seu frágil corpinho, seria o seu fim. Foram noites e mais noites dormindo hora sim, hora não. Nestes dias, a TV foi sua companheira por longas horas a fio. Mas tudo isso valeu a pena. Pena de verdade, as de pássaros, pois em breve ele começaria a ter suas próprias penas e voaria pelos lindos céus da cidade de Caçapava-SP – Brasil, era o que todos nós tínhamos em mente. Um dia vê-la voando livre!

A comida, era muito importante para aquela carinha mimada, pois aquele bico amarelado, largo, vivia sempre aberto esperando algo para encher aquele minúsculo papo de ave faminta! E que fome!

Isso sua mãe (Guida) logo providenciou, pois já havia este tipo de alimento em casa devido a uma outra história parecida, mesmo antes dela chegar em casa! Papinha para aves recém-nascidas. Pronto! Estava em mãos! A rapidez com que as coisas eram resolvidas, era incrível! Quase na mesma velocidade com que Heloísa retirou seu pé para não pisar na pardalzinha. Agora já sabemos seu nome - a Vicentina!

Pronto, estava formada a dupla dinâmica das cuidadoras da Vicentina. Heloísa, juntamente com sua mãe, providenciaram tudo, e após várias sessões, diria que intermináveis sessões de alimentação com papinha morna, a Vicentina era sempre entupida de alimentos. Dessa maneira estava garantido o seu crescimento, nem que fosse à força. Aquela pardalzinha iria crescer, pois no que dependesse de comida, ela estaria cheia até o papo. Vejam que sorte desta pequenina avezinha!

Era um tal que ligação de celular, WhatsApp para cá, WhatsApp para lá. Tudo isto contando uma para a outra, como se passava o dia da Vicentina. Esta filhotinha passou a ser a estrela que caiu do céu dentro daquela casa. Era tratada melhor que bebê recém-chegado. Todos na faculdade ficaram sabendo da "Vicentina" e sua milagrosa escapadela da morte inevitável, se acaso não tivesse tido a sorte de ser encontrada naquele dia e naquela hora por Heloísa – "a salvadora de plantão".

Mas a sorte é para quem já nasce com ela, diz um ditado popular. Quem sabe o Criador tenha feito esta manobra no destino da Vicentina para que tudo acontecesse daquela maneira. O que as vezes parece ser coincidência, na verdade, existe uma força maior que rege tudo e todos. Esta força é o poder do nosso Criador – o YHWH (Yahueh). Sem que ele determine, nem uma folha cai do pé de uma árvore, assim são as nossas vidas e de quaisquer outros seres vivos que exista neste mundo de Elohim (Deus). Não pense que as coisas acontecem por acaso...

Pois bem, as notícias se espalharam entre os parentes. Fotos foram tiradas e momentos inesquecíveis foram registrados. Tudo isto espontaneamente, era feito de forma clara, simples e dinâmica. A Vicentina começava a crescer rapidamente a cada dia que passava. Também pudera, haja comida! Era uma fome de "gente grande", se assim pudéssemos comparar. Aquele animalzinho comia e defecava como se fosse uma máquina de transformar papinha em adubo. Era realmente muito bonito ver o seu desenvolvimento, pois a Vicentina não era nem um pouco orgulhosa, comia como uma esfomeada. Afinal, era a vida que todo passarinho queria ter! Quem o atirou do seu ninho, não sabia que foi a melhor coisa que poderia ter acontecido na vida de um filhotinho de pardal. Agora Vicentina era uma rainha, paparicada o tempo todo. Só se ouvia o seguinte:

– Cadê ela.

– Viu como ela está?

– Já comeu?

Quanto a isto, aprendemos aqui uma bela lição. Quando algo nos parece mal e nos traz tristezas nesta vida, tenha fé e confiança, pois pode ser o começo de uma virada para melhor. Ninguém sabe o que nos espera no futuro, só Elohim (Deus). Portanto, se manter focado e com esperança ainda é o melhor que podemos fazer. Desistir, jamais!

Até água já estavam dando para a pardalzinha. Até onde sei, passarinhos filhotes não bebem água! Nunca vi uma mãe de pardal levar um copo de água para seus filhotes, (claro que estou ironizando um pouquinho). Realmente sei que os pequeninos não bebem água enquanto estão nos ninhos. Mas naquela família de cuidadoras exacerbadas, nada podia faltar à Vicentina, nem comida, nem água! Era um zelo absoluto!

Era o "dengo" da casa! Era Vicentina para lá, era Vicentina para cá; uma cantiga de sapo. Acho que até a pardalzinha já se sentia louca com tanta bajulação. Se falasse, poderia estar dizendo: – "Chega!" - (Risos).

Mas afinal, quem não gosta de ser bajulado? – Alguém aí não gosta? Uma bajulaçãozinha não faz mal a ninguém, não é verdade? Ainda mais se vem de nossa mãe. E naquele momento, a pardalzinha havia ganho "duas mães". Pense nisto! Se com uma é cuidado para lá e cuidado para cá; imagine duas! .... Não sei não! Mas sentia pena da Vicentina; cercada por todos os lados. Meu papel ali era equilibrar e tolher os excessos...

Suas notícias voavam, como seus parentes aos ventos, isto mesmo, voavam via corrente elétrica nas redes sociais, pelos celulares de todos os parentes e amigos dos Bergmann. Todo mundo queria saber como estava a Vicentina. Se bem que agora todos já sabiam o nome que a filhotinha recebeu. Era a famosa "Vicentina"; a rainha do pedaço! A "Globeleza"[8] da família Bergmann Pantoja. Na verdade, sei que a Vicentina nada sabia, afinal, o que se passa na cabeça de um filhote de pardal? - Sabe-se lá Deus! Eu não me arrisco a dizer!

– Alguém aí se arriscaria a responder esta intrigante questão?

– Ahhhh! Ahhhh! Ahhhh! – Só rindo mesmo! Duvido que saibam!

O importante é que a vida estava ótima para a Vicentina. Os dias passaram com muitas sessões de fotos tiradas. Com muitas horas de dengo àquele ser exótico, para uma família que jamais, ou melhor, nunca criou um passarinho preso. Afinal, a liberdade dos animais, principalmente das aves, que tem o céu como limites é fundamental. É uma aberração saber que alguns ainda mantém estes seres emplumados dentro de gaiolas, limitando seus espaços e muitas das vezes somados a

---

[8] A **mulata Globeleza** é uma personagem promovida pelo canal brasileiro de televisão Rede Globo no período de carnaval,

maus tratos. Muitos seres humanos fazem isto apenas pelo ridículo hábito de adquirir dinheiro a qualquer custo. Desprezando a natureza com suas almas sebosas, com corações maldosos e cheios de coisas vis. A ganância do homem destruidor e desalmado sempre age assim!

Mas o tempo passava, e a cada dia Vicentina crescia mais e mais, foi quando suas penas definitivas começaram a aparecer. Aquele bicão largo amarelado começou a diminuir e a Vicentina ficava cada vez mais agradável de se olhar! Pois querem ver filhotinhos feios, olhem o dos pardais! E não se admirem, porque eles são mesmos, feinhos de dar dó!

Devido ao costume com as pessoas da casa, Vicentina se tornou confiante, amiga e cheia de trejeitos para se comunicar com seus tratadores. Mas a natureza reserva e preserva certos traços silvestres e instintivos, e com a pardalzinha não foi diferente, pois ela bicava como ninguém. Era um bico forte, cheio de queratina[9], talvez devida a correta alimentação, balanceada e nutritiva da papinha para filhotinhos, administrada deste cedo, quando foi encontrada caída na grama daquela clínica veterinária.

Pois bem pessoal, esta história é longa, mais cheia de emoções para quem ama os animais e sente o coração bater forte quando vê uma pequenina vida, dentro de um corpinho tão frágil, depender de seus cuidados. E saber que você é a diferença que se interpõe entre a morte e a preservação da vida daquele animalzinho tão frágil. Assim foi com Vicentina que, agora estava emplumando. Penas definitivas que cresciam a cada dia deixando-a linda. E o cheiro dela era como o suave odor do amor e do carinho; se podemos assim dizer que carinho e amor

---

[9] Substância orgânica que existe na epiderme dos vertebrados e é constituinte de pelos, unhas, cornos e outros tegumentos. = CERATINA

exalam cheiro! Mas era isso mesmo que se sentia ao colocar Vicentina perto do nariz. O cheiro agradabilíssimo de um ser bem tratado, que nem é a mais sublime das aves, todavia, todos os cuidados lhe eram dedicados. O importante é que era amada por todos do lar dos Bergmann Pantoja. A adorável Vicentina crescia de vento em popa!

— Vocês sabem qual o cheiro do amor? - Sim, isso mesmo!

— Ele exalava nas penas que cresciam naquela avezinha de bico forte, o puro cheiro de quem é bem tratada e cuidada com todo zelo, respeito e amor. E por ser tão frágil e dependente, isso tinha um valor enorme!

O amor aos animais é tão sublime quanto aos seres humanos, pois o amor não difere do gênero, da espécie, ou a quem dedicamos; o amor sempre tem um cheiro suave e muito bom para quem dedicamos.

Mas a valente Vicentina sempre bicava a quem apontasse seus dedos, seja para lhe dar alimento ou mesmo por brincadeira. Ela sempre estava na defensiva. Afinal, para quem caiu do ninho, ou sabe-se lá, fora expulsa dele, o ataque é a melhor defesa. Na dúvida, tome-lhe bicadas! Essa era, e ainda é, a principal ação estratégica de defesa da Vicentina quando se trata de sua integridade física. Tem um pavor dos dedos. Imagino que deva achar os dedos dos humanos como filhotes de cobra e, por instinto natural, bica tão forte que chegava a doer de verdade. Uma pardalzinha que mais parece uma filhotinha de gavião. E olha que ela era bem pequenininha! E além de bicar, tratava de soltar uns trinados ameaçadores; chilreava com sons intrigantes abrindo as asas, como faz uma galinha choca, como se estivesse alertando os intrusos: - "Saiam daqui, senão eu te furo com meu bico de sabre!"

— Pensava assim, talvez! Era forte e já se defendia com maestria. Às vezes a provocávamos só para ver esta defesa em ação! Sem estressá-la, claro! Entretanto um problema surgiu... Imaginem qual foi?

*"Não se vendem dois passari-
nhos por um ceitil? E nenhum
deles cairá em terra sem a vontade de vosso Pai."*
(Mateus 10:29)

Capítulo 2

A Mudança De Nome.

Opa! Opa! - Parou! Parou! Parou! - Deixem de ser curiosos... – Vocês ainda estão por aí? - Com certeza querendo saber mais sobre a Vicentina, imagino que acertei! Não foi?

Pois é pessoal, eu como "O Contador", poderia dar mil rumos diferentes as aventuras da Vicentina, mas como tudo que aconteceu aqui foi verídico, uma história muito bonita, bem emocionante e real, onde não há nenhuma ficção[10], não posso modificar os fatos ocorridos... - Como eu poderia mudar o destino, ou melhor a história verdadeira desta magnífica avezinha? Eu não sou Elohim (Deus)! Então, vocês terão agora mais uma etapa das mirabolantes peripécias que aconteceram na vida deste animalzinho *fabuloso*. Pois é, a Vicentina virou livro! Isso mesmo, virou livro pessoal! Que bacana! Não acham?

– Mas não é "*fabuloso*" que se fala, e sim, "realista" - um animalzinho realista. Se fosse fabuloso, seria uma "estória" - uma fábula[11]!

– Entenderam? – Hum... - Já sei! Faltou explicar o que é "fábula". Está bem, vamos lá! - Vai lá embaixo de novo, lá no rodapé da página, e olha o numerozinho onze, pequenininho e pretinho do lado esquerdo! Viu? Leia o que está lá! Eu espero! - Entendeu? Que bom!

– Podemos continuar? – Tudo bem! Vá em frente "Contador"...

---

[10] Ficção: Elaboração, criação imaginária, fantasiosa ou fantástica; fantasia.
[11] Fábula: Narração de aventuras e de fatos (imaginários ou não); fabulação.

— Tanto fez das suas à Vicentina que veio parar aqui, dentro destas páginas. Mas uma coisa interessante acontece quando lemos algo a respeito de alguém ou de algum lugar.

— Sabem o que é? - Vou contar para vocês. Percebam o seguinte...

Se prestarmos bem atenção ao que estamos lendo, normalmente acontece quase uma transladação[12]... Hum... Palavra estranha, não é? Leiam a explicação lá embaixo, ou está lá em cima? Ou na página anterior. Puxa agora confundiu tudo!

— Caramba! Onde foi parar aquela bendita notinha de rodapé que eu havia colocado aqui para o pessoal saber o que significa essa tal de (transladação)? Procurem aí pessoal... Me ajudem! Vou esperar um pouquinho mais e voltamos já, assim que vocês lerem vão entender...

— Pois bem! Acharam a tal notinha? Já leram? Então vou continuar!

— Eu ia dizendo que, se prestarmos bem atenção ao que estamos lendo, e olha que é muito bom ler histórias, vamos ser transportados, ou transferidos para dentro do mundo dos livros. Isto mesmo pessoal, vocês podem até imaginar como é estar na cidade onde vive a Vicentina! Como ela foi encontrada naquela clínica veterinária em que Heloísa fazia o estágio dela para a faculdade! - Como deve ser a pessoa que a encontrou? Uma foto dela aqui agora seria muito legal, não é? Mas o melhor mesmo é cada um de vocês imaginar e criar nas suas mentes a imagem como querem ver a Heloísa, a mãe dela e o Felício, que não sou eu! Mas lá na frente vocês poderão conhecê-los. Garanto isso!

— Mas alguém esperto e curioso, que presta atenção, perguntaria:

— E quem é o autor do livro? Não é aquele que está na parte detrás da capa do livro? Sim! Mas, neste caso, aquele é quem criou, o "Contador" – Parece confuso, mas não é! E não é mesmo! Vejam só... O autor

---

[12] Transladação: Substantivo feminino: Ação de transladar, transferir, passar de um lugar para outro; transferência.

criou "O Contador" para falar com vocês diretamente assim! Como se estivesse aqui do lado de vocês! Por isso ele pode estar aqui e agora, já o autor, não pode! O autor está na casa dele, preocupado com outras coisas, quem sabe escrevendo outro livro... Agora o "Contador, pode estar aqui sim! Na verdade, é quem está contando esta história para vocês! É como se realizasse aquela palavra difícil, lembram? A tal da "transladação". Do mesmo modo que vocês podem ir para dentro do livro imaginário, assim mesmo "O Contador" pode sair dele e estar aqui e agora representado por essa pessoa que está te contando essas histórias. Mas se você está lendo sozinho, então meu amigo (a), parabéns; você agora é o próprio "Contador (a)". Você agora tem muita responsabilidade e deve contar a história bem explicadinha, nos seus mínimos detalhes... Então "Contador (a)", comece já! Lembre-se que sua responsabilidade é grande! E não é qualquer um que pode ser um "Ótimo Contador".

Lá vai ele falando o que aconteceu com a Vicentina. Prestem bem atenção, depois imaginem como seria conhecer a Vicentina!

– Ela é uma avezinha de muita sorte, sabiam? Porque ela tem muitas pessoas que a ama e cuida bem dela! Sim, mas vocês devem ter também, aí na casa de vocês pessoas assim! Pode até não ser os seus pais verdadeiros, mas eles te amam assim mesmo, igual ao que acontece na família da Vicentina! Mas se estes que cuidam de vocês são os seus pais verdadeiros, que bom, te garanto que eles te amam de verdade!

– Quem mais te ama neste mundo? É o Elohim (O Deus Criador) e os pais de vocês... Porque pai e mãe pode ser também aqueles que cuidam e dão amor a vocês! Entendem isso? Eles são chamados de "pais adotivos". E no caso da Vicentina, os pais adotivos dela agora são todos da família Bergman Pantoja; a Heloísa, a Margarida e o Felício Pantoja, que é o autor deste livro, mas não é "O Contador". Isso parece confuso, mas vocês vão entender lá na frente!

– Então pessoal, vamos começar? Peguem logo as pipocas e vamos ouvir as aventuras da Vicentina... O "Contador" vai começar... Isto é, "eu vou começar"... E falo muito sério, mas vocês entenderão toda a história é só ficar escutando quietinhos e prestar bem atenção!

– Quem tem que ir ao banheiro, vá logo e volte rapidinho!

– Vamos lá! Pais ou mães "Contadores"... Deem a partida na leitura! Um dois três... Já! Pode começar. "O Contador" está com a palavra.

– Era uma vez um pardalzinho que se passou a chamar Vicentina e depois Vicentino... Xiiii... Acho que complicou!

Olha, se alguém fizer perguntas sobre o nome dele, teremos que ir mais à frente para entender tudo isso que aconteceu, mas aí vamos pular algumas passagens do capítulo dois... - Alguém quer fazer isto? Se não querem, então vamos em frente! Vamos com muita calma nesta hora para entendermos o que aconteceu "Tim tim" por "Tim tim".

– De novo...

– Era uma vem um pardalzinho que se chamava Vicentino e as pessoas que cuidavam dele tiveram que voltar ao veterinário...

– Lembram que ele foi atacado pelo gato malvado? - Voltar ao médico era extremamente necessário para saber como estava indo a sua recuperação depois de um tempo... Dos sete dias que o médico disse!

– Sabe porquê? "O Contador" vai te contar... - Começa assim:

– Opa! Opa! Pode para por aí seu "Contador"...- Esta história do retorno ao veterinário vai estar lá no capítulo três, aqui no capítulo dois vamos entender apenas esta confusão de troca de nomes.

– Afinal é Vicentina ou Vicentino? - Ninguém vai aqui nos enrolar pulando de capítulo. No capítulo dois diz: "A Mudança De Nome"... E se é da Vicentina, ou do Vicentino... Já este retorno ao veterinário está lá no capítulo quatro.

– Que coisa! Vamos colocar ordem nesta bagunça, afinal, "Contador" as crianças são espertas, mas o futuro elas não adivinham. Então conte na ordem dos fatos, como aconteceu! Lembre-se que estamos falando de uma história real.

– Desculpem aí pessoal, agora sou eu mesmo, o autor Felício Pantoja que interviu para colocar ordem na casa! O "Contador" se confundiu todo e está atropelando a história!

– Poxa "Contador", tive que parar meu trabalho para corrigir sua história. Esse negócio de voltar ao veterinário é lá no capítulo quatro, e não no dois...

– A gurizada precisa de um "Contador" bom! Melhore aí, senão serei obrigado a colocar outro "Contador" no seu lugar...

– Entendido?

– De repente até o próprio pardalzinho vai contar a história dele melhor que você. (Risos).

Agora você assume daí "Contador" e preste atenção, por favor ...

– É cada personagem que me aparece! - Onde eu estava com a cabeça quando criei esse tal "Contador"? - (Comentários do autor).

– Viram pessoal, levei uma bronca daquelas! Só por causa de umas atrapalhadinhas de nada que dei na história... Mas é assim mesmo!

As vezes precisamos ser chamados à atenção para que as coisas andem nos trilhos certos. Nossos pais também fazem isto conosco o tempo todo e, porque o autor não faria o mesmo comigo? Cuidar do que amamos nunca é demais. Sem mágoas e agradecido estou pela exortação[13]. Devemos sempre agradecer quando nossos amigos nos chamam à atenção quando erramos. Claro que o inimigo jamais nos exortam, na verdade, eles querem mesmo é nos ver errando sempre e com

---

[13] **Exortação:**1. Ato ou efeito de exortar; encorajamento, estímulo, incitação. 2. Conselho, advertência.

isso, se dando muito mal na vida! A alegria dos nossos inimigos é nossa derrota. Entendam isto e cuidado com as falsas amizades!

Ok pessoal! Então vamos retornar a nossa história sobre "A Mudança De Nome" aqui no capítulo dois. - Solta o verbo "Contador"...

– Inicialmente, nossa intenção final nunca foi ficar com este pardalzinho conosco, afinal criançada, a liberdade é o bem maior que todos nós temos, e privar qualquer ser vivo da sua liberdade é um crime brutal. Com isso em mente, a família de Heloísa sempre pensou em manter o pardalzinho livre para voar quando quisesse ir embora. Mas a surpresa sempre nos foi concedida, pois Vicentina por mais emplumada que estivesse, dava seus voos dentro de casa e jamais quis ir embora!

Qual de nós, tendo tamanha boa vida e liberdade, gostaria de deixar aqueles que nos amam e nos tratam bem? Vicentina é esperta demais!

– Concordam comigo? - Pois é, assim também foi com a pardalzinha que virou a mascote dos Bergmann Pantoja.

– Querem saber o que mais Vicentina ama fazer?

– Quem adivinhar ganha um doce! – Exatamente!

– Sim... Tomar banho! - Uma etapa do dia em que muitas crianças detestam enfrentar, e posso afirmar que alguns adultos também. Dão tanto trabalho as suas mães quando chega àquela hora crucial de tirar todas as sujeiras adquiridas nas brincadeiras do dia-a-dia, que dá pena das coitadas. Mas sempre é necessário fazer nosso asseio pessoal todo dia, sem falta, do contrário, ninguém chega perto! Sente o cheirinho!

– Vocês sabiam que as crianças também tomam banho? – Sabiam disto! Ah, ah, ah, ah... Relaxem pessoal... Eu já fui criança e sei muito bem que raiva dar quando escutamos aquela voz chamando: – Fulano!

Já para o banho! E lave bem estas orelhas... Vou olhar atrás delas depois! Se eu encontrar uma "caraquinha"[14] sequer, eu mesma vou ter de dar outro banho! Essa é aquela mãe brava na sua total performance de matriarca aborrecida com seus pequerruchos problemáticos que detestam tomar banho! É bronca todo dia, sempre nessas horas...

O banho deve ser a melhor hora do dia, pois é nesse momento que relaxamos e nos livramos das inúmeras bactérias que podem nos causar mal e nos trazer muitas doenças.

Assim mesmo, os animaizinhos também tomam seus banhos. Os pássaros de duas maneiras, tanto na água, quanto na areia. A Vicentina adora quando Heloísa põe seus cabelos loiros e compridos para que ela se delicie e se esbalde, virando de um lado e depois do outro, abrindo e fechando suas asas, fazendo uma verdadeira bagunça. Assim como vocês fazem quando estão em uma piscina com água!

– Lembram das bagunças naquela hora de banho em família? Assim é a Vicentina! - Penso que ela ache que está em uma piscina, só que é de cabelo - que é feito de queratina. Lembram desta palavra? O mesmo material que são feitos os bicos e as unhas dos pássaros.

Imagino que ela substitua os cabelos de Heloísa pela areia do campo. Isto a deixa relaxada, limpinha e muito feliz por sinal!

Quando está do lado de fora, nos dias mais quentes, ela adora tomar banho em sua valise de água para banhos. Sim, isto mesmo. "Vasile para banhos", pois ela tem uma só para seu banho diário! É luxo puro a vida da Vicentina! Tanto gosta de banho que pede, com seus chilreados característicos, os quais já são conhecidos por todos nós que cuidamos dela. Ela sabe que agindo assim, seu banho está garantido.

---

[14] **Caracas**: Apesar de ter outros significados, no Rio de Janeiro onde nasci, essa palavra também se referia as "sujeirinhas" que insistiam em ficar na pele após o banho das crianças!

Fica toda molhada e começa a seção de limpeza via bico. Vai de pena a pena limpando e esticando, sacudindo e se secando. Não passa muito tempo e logo ela está sequinha de novo. Só que mais limpa que antes! Este ritual se repete dia sim, dia não. Então pessoal, está aí uma boa lição que aprendemos aqui com esta pardalzinha incrível: "O banho deve ser um momento de prazer e não de choros e birras."

– Prometem serem obedientes aos seus pais? Então "Okey"!

Os dias passaram, Vicentina cresceu mais ainda e algo estranho aconteceu que mudou tudo na vida daquela pardalzinha...

Certo dia, Heloísa conversando com sua professora na universidade, comentando sobre Vicentina, elas começaram a duvidar se a pardalzinho era realmente uma fêmea, pois suas características eram de macho e não de fêmea. Claro que este assunto rendeu "dando panos pra mangas"[15], com muitas conversas e análises e, depois de várias pesquisas, a professora afirmou categoricamente que o que pensamos ser uma exuberante fêmea de pardal, na verdade, era um belo macho!

E agora! O que fazer? Simplesmente devíamos mudar só o nome, pois o sexo ele já tinha desde seu nascimento. Nasceu um machinho e foi criado como fêmea por um erro nosso. Para continuar com o mesmo nome, só trocamos o "a" pelo "o" e Vicentina, passou a ser chamado "Vicentino" - o pardalzinho de estimação da família Bergmann Pantoja! Resolvido o assunto com apenas a troca de uma letra!

Então pessoal, só depois de algum tempo, descobrimos que havíamos cometido um erro na hora de escolhermos o nome da nossa mascote! Entretanto, temos a certeza de que o amor era mais importante que o nome escolhido. Sabemos que errar na escolha do nome é o que menos importa, haja vista, fosse ela uma fêmea, ou um macho, para nós

---

[15] Dar pano pra manga – Estender uma situação; Discussão excessivamente.

não faria a menor diferença, pois o que sentimos pelo nosso pardalzinho é amor e isto independe de ser ele macho ou uma fêmea.

Se fosse uma ave para procriação, claro que isto faria uma diferença enorme, mas como ele foi encontrado tão frágil caído na grama, o sexo dele não era o que mais importava naquele momento e sim, salvar sua vida. E foi o que foi feito! Por isso estamos felizes do mesmo modo! Agora Vicentino é só alegria, paz e muita liberdade.

Vejam vocês... Que ironia dizer isso; mas quem se importa com um pardal. Eles são tantos nas zonas urbanas. Há milhares deles por aí! Mas a questão não é a quantidade. Vejam por este prisma... Pense bem!

Você tem sua mãe e seu pai, e você é uma criança que eles cuidam. Agora compare você em relação ao mundo todo. Você é só mais uma no meio destes bilhões de seres humanos. Mas qual sua importância neste mundo para seus pais? Simples de responder a isso. Sim... Muita importância você tem para eles, pois, não importa que o mundo já esteja cheio de seres humanos, para seus pais, você é único. Eles te amam com todo o amor que tem para te dar, independente, se no mundo tenham outros seres humanos parecidos contigo. Para seus pais você é o mais importante que eles podem ter, a melhor criança do mundo!

Desta maneira, comparando com os pássaros, não é porque existem milhões na natureza, cada um tem sua importância para aqueles que cuidam e tratam bem dos seres vivos. Outrossim, somos nós para o Elohim Criador (o Deus Criador). Mesmo que o mundo esteja cheio de gente, e olha que já somos bilhões, o Pai Eterno nos tem como seus filhos singulares se o aceitarmos como nosso pai, deste mesmo modo, seu pai tem a você. Para o Criador, cada um de nós somos uma peça única e sem comparação com o outro. O valor que temos para Ele (o Elohim), é que somos suas criaturas e Ele nos ama com o maior amor que possa existir, o amor ágape. Amor sacrificial, sem medida e sem preço!

E com esta lição, aprendemos que não importa a quantidade que exista no mundo, mas o valor que damos a cada um particularmente.

Ame seu amigo, como se você só tivesse ele no mundo. Ame seu pai, sua mãe, seus irmãos, pois assim estarás agradando aquele que nos criou para sermos seus filhos - o Pai Celestial (YHWH – Yahueh) - (Se pronuncia "IAUÊ"). Este é o nome do nosso Elohim (Deus Criador).

Com base em tudo que comentamos aqui, Vicentino é mais que um pardal, ele é a ave que veio ao nosso lar para nos ensinar que a vida, por mais frágil que seja, por mais insignificantes que pareça, ou que a julguemos ser, ela é muito importante. A vida tem um valor inestimável. Por isso, jamais mate os animais por prazer. Claro que precisamos deles para nos alimentar, mas tudo isso deve ser feito com muito respeito e somente se houver extrema necessidade. Matar só pelo desejo de trazer a morte a qualquer animal, não é correto e Elohim (Deus) proíbe isto!

Vicentino traz consigo o "Ruach Há Codesch" (O Espírito Santo do Altíssimo e Eterno Criador) para nos ensinar a cada dia a nossa meta neste mundo, de exercitarmos o amor e aprender sempre com ele!

Devemos incessantemente amar a todos os seres vivos, tanto os humanos, quanto os animais, independentemente de suas posições na cadeia alimentar e no planeta Terra.

Seja alguém rico, pobre, novo, velho, sadio ou doente, de qualquer raça, ou credo, devemos exercitar o amor e o respeito. E até mesmo aqueles que nos ofende, devemos amá-los assim mesmo, para que possamos fazer a vontade do nosso Criador, porque, sendo nós ainda pessoas pecadoras e falhas, assim mesmo Elohim (Deus) continua nos amando sempre, até quando for determinado para voltarmos a estar com Ele (o Altíssimo e Eterno Criador).

Capítulo 3

O Ataque Traiçoeiro Do Felino.

Sei que muitos de vocês dirão que o "Contador" foi muito sério ao contar as aventuras do Vicentino no capítulo dois. Sabe que eu acho que não fui tão sério assim não! Talvez um pouquinho só!

– Humm... - Está bem, confesso! Admito!

– Em alguns momentos podemos dizer que sim, também achei a história um pouquinho séria, mas nem tanto. Poxa pessoal, há momentos que temos que falar um tiquinho mais sério. Concordam? Outras vezes é legal brincar, mas em outros casos, de extrema importância temos que "ser sérios" mesmos.

– Sim ou não? Então... - Vamos falar sério? (Risos) (...)

– Afinal, quem de nós gostaria de ter o seu nome trocado apenas pela falta de observação e conhecimento? Da mesma forma, garanto a vocês que o Vicentino não gostou deste engano nem um pouquinho. Foi chamado de Vicentina por um tempão, sendo ele um pardalzinho macho. Que brincadeira! Quem gostaria disto? Ninguém! Nem eu!

E aí garotada... Mais uma vez estou de volta com vocês! Sim, eu mesmo, o "Contador" está de volta! Mas as histórias e aventuras do pardalzinho Vicentino vão continuar de vento em popa[16].

---

[16] Popa: ou ré é a secção traseira de uma embarcação.

Nesse capítulo vocês poderão ter a oportunidade de ver mais um milagre nesta saga de acontecimentos da vida desta avezinha formidável! Cada um de arrepiar os cabelos, ou as penas! (Risos).

– Alguém aí sabe dizer o que é um milagre?

– Vamos lá... Você aí! Me diga... O que é um milagre? Eu começo, você completa! Milagre é:

– Complete! - (o "Contador" está aguardando a resposta)... Tic, tac. Tic, tac. Tic, tac. E aí pessoal, o tempo está passando! Qual é a resposta certa?

Alguém responde e erra feio... Outro tenta também e erra também.

– Não, não é isso! É quase isso! Outra pessoa quer responder?

– Está bem, está bem, então eu vou dizer a vocês o que vem a ser um milagre. Prestem atenção, pois vou falar só um milhão de vezes!

– Milagres acontecem todas as vezes em que nós não podemos interferir em algum evento que ocorre e ficamos na dependência do Eterno. Isto é milagre! Enquanto nós pudermos interferir, para mudar qualquer situação e o resultado obtido dependeu somente da nossa capacidade humana, usando a nossa inteligência, força, sabedoria, oportunidade, ou rapidez que há em nós, isto não é milagre. O milagre só existe quando tudo que pudermos fazer não atingir mais os resultados esperados e, nestas circunstâncias, somos inúteis. Por exemplo:

– Quando alguém morre, o que nós podemos fazer para devolver-lhe a vida! Nada! Não podemos fazer nada. Mas se neste caso o Criador, o YHWH (Yahueh), se quiser devolver a vida aquele ser, (pode ser uma pessoa ou um animal), e assim o fizer, aí consideraremos este acontecimento como um "milagre", pois ninguém tem o poder de dar vida a outro ser, muito menos devolvê-la, se não for pelo poder do Criador.

Outro exemplo: Se por acaso, um avião cai com muitas pessoas e quase todas morrem na queda, exceto uma que, mesmo antes do avião se despedaçar no chão, esta pessoa é atirada para fora pela forte ventania e sobrevive... O que acham que este evento representa na vida de quem passou por esta experiência? Um verdadeiro milagre do Eterno! Porque se salvou somente aquela pessoa, quando tudo contribuía para que ela também morresse junto com as outras? Isto sim, chamamos de um verdadeiro milagre!

Então pessoazinhas e criaturinhas do Eterno, vamos pôr uma coisa em nossas mentes. Prestem bem atenção no que o "Contador" vai lhes dizer! Todo e qualquer milagre já está escrito em um livro que o Criador, o nosso Elohim (Deus) – O Único e verdadeiro, tem com ele. Pois nada acontece que ele não saiba. Portanto, se você tem medo de alguma coisa, fale com Ele, o teu Criador Yahueh, que ele te ouve e responde. Yahueh é o nome dele, e tenha certeza disto, ele vai te responder!

Assim como eu estou aqui contando esta história real das coisas que aconteceram com Vicentino, desta mesma forma, o nosso Elohim Criador já sabe tudo que acontecerá com vocês, comigo e com todas as pessoas e tudo que existe neste mundo. Assim Ele pode intervir se desejar fazer isso. Entenderam como funciona o nosso Elohim protetor? E como todo milagre tem que ter a mão d`Ele... Porque sem ele, nada podemos fazer! Somente com seu poder os milagres acontecem!

Então, voltando aos milagres. Eles existem para nós, mas para o nosso Criador - o Altíssimo, não existem milagres nem coincidências, mas apenas o poder d`Ele agindo em nossas vidas quando ele quer.

– Lembra da única pessoa que se salvou da queda do avião. Pois bem! Elohim quis que apenas ela ficasse viva para que nós entendêssemos o seu poder. Isto se chama para nós... Milagres. Milagres não são coincidências, é a mão e o poder do nosso Elohim (Deus) que está agindo em nossas vidas. Isto é para honra e glória d`Ele (Yahueh)

Somente falei tudo isso, para dizer que na vida do Vicentino - nosso pardalzinho de estimação, aconteceram alguns milagres. Porque o Altíssimo também age na vida dos animais, bem como nas nossas. Mas todos eles foram feitos pelo Criador que deu vida ao Vicentino. E este Ser que atua espiritualmente conosco é chamado de YHWH (Yahueh). Nunca se esqueçam deste nome, pois é a ele que você deve orar e pedir para que esteja sempre protegendo a todos que você ama, a cada dia que você viver aqui nesta terra! Ele te atende e nunca te desamparará!

– Pronto! Dado o recado, agora vamos saber mais sobre o que aconteceu com Vicentino para que eu saísse com esta história de "milagres". Fiquem todos calmos que já vou dizer o que houve. Se depois disto vocês não acharem que foi um milagre, me chamem aqui... "Okey"?

– Então preparam-se de novo. Quem quiser pode ir ao banheiro que o terceiro capítulo já vai começar....

Mas agora já sabemos que o nome dele é Vicentino, um belo de um pardalzinho macho, e tudo começa assim:

– Vicentino é um pardalzinho limpo por excelência pois, dia sim, dia não, seu banho é sagrado. Mas ele tem suas preferências extremamente particulares para uma ave urbana e, uma delas em especial é bem interessante. Todas as noites quando estou digitando no meu "Notebook", inclusive hoje mesmo já se sucedeu desta mesma forma, o Vicentino pia para vir até onde estamos, numa saleta em que há uma TV e dois computadores, onde escrevo meus livros. Ele tem a mania de achar que é um "Papagaio", porque assim que nos vê, pula no primeiro ombro vazio que encontra na sala. E um deles em particular é o meu!

Ele deve ser uma miscigenação de aves superinteligentes com as de rapina, pois o que ele faz tem a ver com as atitudes destas aves. Talvez na sua linhagem avícola, alguns dos seus antepassados foi um gavião misturado com papagaio. É valente como uma ave de rapina e gosta de ficar sobre o ombro, como se fosse um papagaio de pirata.

Imaginamos que esta maneira na qual o Vicentino age é nada mais que uma forma de retribuir todo o carinho e amor que ele tem por nós e, também, uma necessidade de estar protegido, haja vista já foi muito traumatizado. Mas agora vive tranquilo em um lar com amor e muita paz!

Vicentino cresce com a ajuda do Pai Eterno, isto é, do nosso Elohim (Deus). E assim ele vive a cada dia mais sapeca, mais saltitante, embora algo muito estranho aconteceu com ele nestes últimos tempos.

Vocês verão no discorrer deste capítulo que o Vicentino mais uma vez demonstrou sua grande resiliência em sobreviver ao destino e, sabe lá o porquê, mais uma vez quiseram dar cabo de sua vida repentinamente.

Sabemos que existem centenas de milhares de pardais em todos os lugares do mundo, mas temos que convir que, encontrar um pardalzinho caído em um lugar inóspito, como a grama de um terreno de pouca circulação de pessoas, sem a proteção de seus pais, claro que este desafortunado não tem a mínima chance de sobreviver, ainda mais, tendo ele apenas um dia de nascido. Isto tudo só pode querer nos ensinar uma lição. Não vejo outra forma de expor estes fatos a não ser o aprendizado da vida com a própria vida de outros seres!

Hoje, a alegria de Vicentino é demonstrada pela necessidade que ele tem de ficar o tempo todo conosco, por mais que ele esteja em uma gaiola limpa com água comida e aberta. Na verdade, ele precisa sentir o calor do nosso corpo. Este fato é notório, pois ele gosta de estar sempre em contato com a nossa pele, pode ser nos braços, nos ombros ou mesmo no pescoço. Para ele isso não importa, o mais relevante é ele estar junto de nós. Ele necessita de nossa presença com ele!

Mas como essa história não tem limites, pois não sabemos o seu começo ou seu fim, ou no que isso vai dar! O Vicentino mais uma vez foi provocado pela morte! A morte bate à sua porta o tempo todo querendo tragar e tirar sua vida. Mesmo que seja aquele pequenino sopro que ele mantém neste corpinho de apenas 20 gramas. A morte ingrata não perdoa ninguém!

Para nossa surpresa, um certo dia tivemos que sair de casa, mas algo interessante aconteceu. Dificilmente saímos todos ao mesmo tempo, mas como as coisas já estão escritas, não se pode mudar o destino, e assim aconteceu.

Resolvemos Levar nossos "Pets", isto é, nossos cães para um passeio. São apenas seis... São eles: o Deutsch, a Belinha, o Stuart, a Suzi, e a grandona que chamamos de Jujuba. Uma cadela preta alta grande espigada[17], isto é, magra e muito sapeca. Diria que é "a terrível", pois sua vida é brincar o tempo todo e provocar a Suzi, - a nossa pequenina "pinscher". Outro terror de cadela... Late para tudo que vê!

Naquele dia os cães precisavam sair para o seu passeio diário, da tarde, pois os exercícios físicos são interessantes e salutares, tanto para os humanos, quanto para os animais.

Mas aqui nós temos umas características interessantes do tempo! Em nossa região as chuvas caem de uma hora para outra! Pronto... Olhamos para o céu e lá está o sol brilhante e sorrateiro, de repente, o sol desaparece, as nuvens se acumulam e a chuva cai, mas cai com força e de uma forma torrencial. Com raios, trovões, relâmpagos, muito barulho e tudo que uma boa tempestade tem direito. Quando estas chuvas estão prestes a cair, corremos para fechar todas as janelas as portas e os espaços em que as águas caem para que não venham molhar dentro de nossa casa. Mas como naquele dia não havia sequer uma sombra da possibilidade de se cair uma chuva assim, mesmo que repentina, então, não nos detivemos em fechar nada! Tudo ficou aberto como de costume. Estava fazendo sol e a tarde era limpa e ótima para um passeio com nosso "Pets".

Vicentino encontrava-se no corredor saracoteando alegremente dentro de sua gaiola, protegido e nada de novo deveria ser feito antes do passeio dos "Pets". Mas como nada é como prevemos, sempre pode piorar... E piorou! Pois se há uma chance, mesmo que pequena, para algo dar errado, com certeza vai dar errado, (já sabemos que é assim).

Vicentino estava em sua gaiola tranquilo e calmo, apenas resolvemos colocar para dentro de casa na área da lavanderia onde ele costuma pernoitar, mas sequer imaginávamos o que estaria por acontecer. Pegamos os "Pets", cada um em sua coleira, eles latiam de alegria, pois sabem o momento do seu passeio! Era alegria total, e com isto, como de costume fomos todos animados, nós e os cães.

---

[17] Delgada e comprida.

E assim foi! Saímos todos, mas nos esquecemos de fechar, tanto as janelas de cima, pois moramos em um pequeno sobrado, quanto as janelas de baixo. A janela principal da cozinha e também a porta da lavanderia que dá para o corredor de fora na lateral da casa. Resumindo, tudo ficou aberto, mas como a casa é cercada por muros altos e nunca nada, nem ninguém entrou em nossa casa, saímos despreocupados. Mas a surpresa foi grande na volta do passeio!

Durante o passeio, com mais da metade do caminho já percorrido, nosso Pet, por nome de Stuart que se encontra um pouquinho acima do peso, resolveu que não queria mais andar. Estávamos todos longe de casa e, já no caminho de volta, pois estávamos pertos dos 60% do trajeto concluído, o Stuart empacou. Como aqueles jumentinhos, ou melhor, como as mulas fazem quando não querem ir avante. Assim ele fez, não ia de jeito nenhum! Assim foi o Stuart, fazendo aquela birra!

Eu estava com o Stuart e com a Belinha, os mais fora do peso da patota. Minha esposa estava levando o Deutsch e Heloísa a Jujuba. Como o Stuart não caminhava e estava atrapalhando o bom andamento da caminhada dos demais, eu disse para minha esposa:

– Vá na frente e leve os outros que eu fico com o Stuart e a Belinha e depois alcanço vocês.

Como sabemos que Elohim (nosso Deus) age de diversas maneiras e formas, nas mais sutis coisas e nos mais pequenos detalhes, pois com ele não há coincidências, sim verdadeiros milagres, creio que o que Stuart foi simplesmente usado para obedecer um comando que veio do alto, algo extremamente espiritual e inexplicável, até aquele momento ali no caminho. Não entendemos aquela parada brusca do nosso cão. Emperrou como um carro quebrado, ao ponto de eu ter que trazê-lo de volta no colo! E olha que esse nosso Lhasa Apso[18] pesa e muito!

Não é possível que o Stuart empancasse naquilo que ele mais gosta de fazer que é caminhar e dar seu passeio pelo bairro, principalmente ao lado da sua companheira de anos, a sua amada Belinha. Uma cadela Lhasa Apso brava que só! O Stuart é um canino que teme as loucuras de sua companheira – a Belinha. Ela deve ter um parafuso a menos!

---

[18] **Lhasa Apso** é uma raça de caninos de pequeno porte não-esportiva oriunda do Tibete na Cordilheira do Himalaia.

Pelo simples fato da minha esposa e Heloísa virem na frente, puderam chegar mais cedo em casa e, isto fez uma grande diferença no que ocorreu, para surpresa de ambas. Encontraram junto a gaiola de Vicentino um gato tentando alcançá-lo com as patas atravessadas pelas grades na gaiola no intuito de matá-lo e acabar com ele em forma de comida. Suas investidas o feriu em uma das suas asas, na parte de cima e sob a mesma.

Neste momento, eu ainda me encontrava muito atrás no caminho cuidando para que Stuart (nosso emburrado Lhasa Apso) viesse comigo. Como não foi possível, simplesmente coloquei ele no colo e o trouxe até em casa.

O passeio com nossos Pets saiu da rotina e não foi nada como esperávamos que fosse! Diferente de tudo que já fizemos!

Quando cheguei em casa, para minha surpresa, só vi e ouvi gritos e choros. Assustei-me com aquilo, pois parecia um hospital, um hospício, um terror. Coisa de louco! Era minha esposa gritando de um lado, era Heloísa chorando do outro, em suma, era desesperadora a situação. Diante daquele quadro caótico de gritos e choros, perguntei a Heloísa para saber o que havia acontecido e ela mal conseguia falar para contar-me o que realmente sucedeu ali!

Como Heloísa já estava em contato a sua professora da faculdade de veterinária, depois com seus amigos, alguém que pudesse dar o endereço de alguma clínica veterinária para que pudesse socorrer o pequenino Vicentino.

O gato assassino a esta altura já estava muito longe, e não sabemos a quem ele pertence. Se é que este tinha um dono! Afinal, existem alguns gatos que ficam soltos na rua o dia todo. Os que nós conhecemos são cuidados em casa pelos seus donos, mas aquele em especial, nós não conhecemos! A esta altura, o gato era o que menos importava, pois deveríamos dar atenção total ao Vicentino, porque ele sangrava pela asa esquerda devido aos sérios ferimentos.

E agora o que fazer? Como resolver aquela questão? Um animalzinho de apenas 20 gramas de peso, ferido, sangrando e duas mulheres chorando e, em alguns momentos, até gritando, totalmente sem descontroladas.

– O que fazer nesta hora? - Pensava eu. O correto era manter a calma, era o mínimo que eu podia fazer para não piorar a situação além do que já estava! E assim fiz. Mantendo a calma e ajudando no que foi possível pudemos conciliar as ideias e providenciar o socorro adequado ao nosso pardalzinho ferido.

Olhei para minha esposa e vi que ela já estava com Vicentino na mão tentando entender até onde os ferimentos o atingiram. Pensava ela que sua asa havia quebrado na altura do ombro.

Pegamos um pequeno pedaço de gaze e enrolamos o Vicentino, de forma que, se a asa estivesse quebrada, pelos movimentos do pequeno pássaro, ela não pioraria seu estado levando o pequeno à morte. Após feito isso, tentamos avaliar de forma grotesca se ele mantinha sua respiração, se não havia nenhuma hemorragia externa. Mas graças ao Eterno, ele continuava respirando e respondendo aos nossos estímulos! Não podemos deixar ele sem a gaze à volta do seu corpinho, pois da maneira como ele se debatia era possível que a asa fosse arrancada de uma vez do corpo, o que o levaria de imediato à morte certa. Este era o nosso maior medo naquele momento!

Ele sangrou um pouco, mas logo o sangramento parou devido ao tecido da gaze colocada sobre os ferimentos. Neste momento a professora de Heloísa retorna e no telefone com ela ia lhe dando algumas instruções de como socorrer aquele pequenino pardalzinho. A esta altura, até a professora já estava comovida com a catástrofe acontecida com o pequenino pardalzinho.

Após algumas instruções e contatos com outros amigos, Heloísa conseguiu saber que em uma cidade vizinha existia um veterinário, ou melhor, uma clínica veterinária que atendia animais silvestres. Ufa! Que alívio saber que existe um especialista a menos de 10 km de onde moramos.

A esta altura, a noite estava chegando e o tempo escureceu rapidamente e havia indício de chuvas.

Mais uma vez as coisas se repetem e pela segunda vez no Fusca com Heloísa, Vicentino foi socorrido às pressas. Olha que coincidência!

Pronto! Agora de novo ele vai de Fusca para ser socorrido mais uma vez porque um gato felino, selvagem, e claro sabemos que sem maldade premeditada, apenas por instinto, tentou matá-lo.

Coloquei Vicentino entre minhas duas mãos e sentei-me no banco traseiro, enquanto minha esposa se colocava no banco do carona, e Heloísa dirigia mais uma vez o Fusca dando socorro ao pardalzinho; que a esta altura já tinha seus vinte gramas de peso.

Fomos o mais rápido possível em direção a Clínica Veterinária para que o pessoal pudesse administrar as devidas medicações.

Chegamos na clínica Veterinária Vitta onde Vicentino foi atendido de uma forma excelente, pois o veterinário era de uma capacidade técnica espetacular. Nos informou, após avaliar a nossa pequenina mascote que a sua asa, felizmente, não estava quebrada, mas, os ferimentos eram graves. Muitas penas foram arrancadas, a carne e parte da pele da mesma idem. Por esta razão, teve que tomar antibiótico, analgésicos e anti-inflamatórios, além de pomada que foi colocada sobre a ferida. Recomendou que não devíamos cobrir os ferimentos, pois como se tratava de uma ferida feito por um felino, muitas bactérias poderiam colonizá-la e piorar a situação do pequeno. Então a recomendação era mantê-la descoberta, porém, bem limpa. Assim, depois de algum tempo, ele tomou as devidas medicações, todas via intramuscular e foram, nada mais, nada menos, que três injeções. Mas todas eram necessárias naquele momento e, assim as suas dores foram minimizadas. Depois de algum tempo, todos já mais calmos, inclusive eu, retornamos ao nosso lar com nosso pequeno Vicentino medicado.

O Vicentino mais uma vez passa pelo "Vale da Sombra da Morte", dribla este espírito e dá uma bela demonstração de coragem com um chute em direção ao futuro.

Este é o nosso Vicentino, um guerreiro lutador, o resiliente sobrevivente das agruras que a vida coloca à sua frente. Vicentino com certeza não nasceu para morrer desta maneira, mas ele veio para nos ensinar algo muito interessante. Mesmo na sua pequenez, na sua diminuta capacidade de se defender, ele jamais deixa de lutar por aquele soprinho que existe dentro dele chamado "vida". Um sopro de vida que foi criador do Dos céus e da Terra, o nosso pelo Elohim que concedeu ao Vicentinho.

Ele chegou em casa ainda assustado, porém, estando conosco ele se sente mais calmo, apesar do trauma, do estresse e da maneira grotesca em que ele foi atacado. Com certeza, sem a menor chance de defesa contra aquele felino malvado, ali estava ele ainda vivo e chegou até a se alimentar após o acidente, nos deixando mais calmos.

Ficamos felizes em ver que aquele dia trágico não tenha sido o último, com a morte do nosso pequenino pardalzinho de estimação.

Convalescendo, porém, em contínua recuperando, pois aquela mesma noite, Heloísa, preocupada levou Vicentino para seu quarto, evitando assim, quaisquer outras surpresas que pudesse acontecer.

Afinal, quem poderia garantir que aquele gato malvado não retornaria para terminar seu serviço, numa caça furtiva noturna. Afinal nem sempre fechamos todas as janelas, pois o calor aqui é imenso e não temos condicionadores de ar. Em épocas de verão, às vezes dormimos em casa com as janelas abertas, mesmo porque as grades que cercam as janelas têm seus espaços pequenos, mas não tão pequenos o bastante para impedir a entrada de um gato.

Claro que eu tive que tomar uma providência! E que providência foi essa? – Alguém me perguntaria.
Procurei saber do meu vizinho se ele conhecia aquele gato. Ele afirmou que não sabia de quem era, mas que aquele gato já por muitas vezes entrou também na sua casa. Então fica a questão... O que fazer quando alguém larga um gato jogado nas vizinhanças, sem dono, sem ter o que comer, talvez até sem ter onde dormir e, muitas vezes, abandonado pelos seus próprios donos? Um caso a se pensar na solução!

Não sabemos nada sobre esse gato, mas de uma coisa estamos certos ele não pode ficar comendo os passarinhos das casas das pessoas desta maneira! Sabemos que não tem culpa. Sabemos que é instintivo, que não é por maldade que ele caça, mas talvez pela fome que aflige o seu corpo felino. Mesmo assim, providenciei uma gateira para tentar pegar o felino e quem sabe levá-lo ao local correto (quem sabe um abrigo para "Pets") em que ele possa viver decentemente sem importunar os pássaros mascotes das pessoas. Quiçá, ser adotado por alguém que o alimente corretamente e lhe dê amor e carinho também!

Claro que o Vicentino agradece! Providenciamos deixar Suzi, nossa cadelinha Pinscher, que é extremamente serelepe, agitada, e não perde um gato de vista, por nada deste mundo. Até as pequeninas lagartixas são alvos de sua caça; passarinhos que voam pelo quintal são espantados por ela. Até as formigas, as aranhas, ou qualquer outro bicho que ouse passar no campo da sua visão. Ela late e dá avisos na hora!

A Suzi realmente é uma verdadeira cadela de guarda, pois todas as vezes que saímos, porém, nossos "Pets" ficaram em casa, nunca tivemos um gato perto de nenhum passarinho, principalmente do Vicentino. Mas como levamos todos, aí imagino que o instinto do felino o fez traçar "um plano de caça", levantando em conta que as sentinelas da região estavam fora e, não encontrando nenhum canino na área, ficou fácil demais. Seu ataque foi certeiro, mas não tão eficaz!

Assim, os dias passam e o Vicentino se recupera, graças a Elohim! Vocês podem notar nas fotos dele logo após o ataque, mas também sua evolução na ótima recuperação. No entanto, com todo este acontecido, ainda damos graças ao nosso bom Elohim (Deus) por ter poupado a vida do Vicentino. Sabemos que a função dele é simplesmente viver, pois o que poderia trazer de transtorno para nós um ser de apenas 20 gramas. Ele é apenas um pardalzinho amigo.

Isto posto, agora vocês ficaram sabendo de dois momentos cruciais na vida do Vicentino. Vicentino ama a vida! Ele se limpa todo dia, ele se banha de areia, ele é alegre, ele pia auto e forte; chilreia e nos chama quando quer vir ao nosso ombro. Quando está solto ele vai para os três ombros disponíveis que ele conhece, o meu, da minha esposa, e o de Heloísa, pois conosco, ele se sente seguro e nunca tentou voar para ir embora. Seus voos são de ombro a ombro, sempre dentro de casa, pois afinal, desde que tinha um dia de nascido que ele mora conosco e é muito bem tratado. Conosco ele tem cuidados com amor e muito carinho, sempre com toda atenção dedicada a ele.

Que o nosso Elohim possa nos ensinar com isso que o amor sempre vale a pena. Que nada é em vão! Em tudo que existe há uma razão de ser, e assim sabemos que, por mais que seja uma ação mínima que demonstre a prática do amor, aos olhos do Pai Eterno é uma grande ação, pois o amor não é pelo tamanho que se mede, sim pelo momento quando se precisa dele.

Foi naqueles momentos de desespero, em que Vicentino mais precisou de alguém, uma mão amiga foi estendida e o recolheu da grama. Em outro momento quando mais precisou de alguém, de novo uma mão amiga o levou até o veterinário, o especialista em curar ferimentos. E assim segue a saga do Vicentino que é tratado como alguém bem-vindo ao nosso lar, como um verdadeiro amigo. Alguém ao qual nós nos importamos com seu bem-estar!

Espero que o caro o leitor entenda que às vezes uma pequenina ação pode representar uma grande diferença no futuro de alguém.

Assim somos nós, nesta vida tão curta que temos! Apenas uma passagem por este planeta de bilhões de pessoas onde, alguma coisa existe para dar razão ao fato de estarmos aqui. Por isso meu caro amigo leitor, espero que tire proveito das lições aqui mencionadas, mas o Vicentino tem muito mais histórias para ser contadas.

Sua saga continua, com exemplos de amor e muita dedicação!

Até onde irão as histórias de Vicentino, o nosso Pardal de estimação?

"Não se vendem cinco passarinhos por dois ceitis? E nenhum deles está esquecido diante de Deus."
(Lucas 12:6)

Capítulo 4

O Primeiro Retorno Ao Veterinário!

Depois de tantas surpresas nasce no horizonte mais um belo dia de sol, nesta época de verão aqui no Brasil, aquecendo a pequenina cidade de Caçapava com todos os seus "Taiadas"[19].
Vicentinho ainda continua sem poder voar, embora indo de vento em popa, apesar de sua lenta recuperação.

Depois de tudo que o Vicentino passou, ainda continua em recuperando dos seus graves ferimento, mas hoje, fazem sete dias passados do ocorrido. As recomendações médicas é que Vicentino deverá retornar ao veterinário hoje. Alertando-se deste compromisso, minha esposa me recordou que haveria a necessidade de termos uma pequenina gaiola ou outra coisa qualquer que pudesse acondicionar o pequeno Vicentino, pois toda vez que temos que conduzir um animal de forma inadequada, isso causa mais estresse, e não é bom que os animais fiquem estressados, principalmente antes de uma visita ao veterinário. Não seria uma condição boa, nem tão pouco a mais adequada.

Aqui em casa, no fundo do quintal, existe uma pequena edícula e, neste local eu guardo algumas ferramentas e outras tantas tralhas, inclusive, pedaços de madeira de alguma obra-prima antiga. Lembrei-me que teria o suficiente para fazer uma pequenina gaiola para acondicionar nosso Vicentino, de forma tal que ele pudesse ser conduzido melhor à clínica veterinária, sem tanto estresse. Para nossa sorte, tinha tudo lá, só faltava habilidades no manuseio das ferramentas para nascer uma verdadeira gaiola a "moda brasileira"!

Comecei o trabalho por volta das onze horas da manhã e não me lembrava a que horas seria a consulta do Vicentino. Independente

---

[19] **Taiadas:** Como são chamadas as pessoas nascidas na cidade de Caçapava-São Paulo - Brasil.

disso, estava colocando em prática toda minha habilidade de marceneiro júnior. Só depois de algumas horas de riscado, cortes e lixamentos, ouço minha esposa dizer que Vicentinho deveria estar na clínica veterinária precisamente às quinze horas. A esta altura eu já estava com quase metade da pequenina gaiola pronta. Era uma gaiolinha muito pequena com aproximadamente 15 x 20x 15 cm de altura. Usando os pedaços de madeira pré-cortados, de compensados e também um restante de tela que eu tinha guardado, de pronto estaria resolvido o problema em algumas horas. Claro que a gaiola saiu meio que "a facão". Não é um serviço de um profissional marceneiro, mas é o que se poderia ter naquele momento especial. E o que eu podia fazer diante daquela emergência que tínhamos para levar Vicentino ao médico? Bem, o que não poderia era levá-lo entre nossas mãos mais uma vez, como foi a última ida ao veterinário, quando houve o acidente.

Embora eu não seja um marceneiro profissional, creio que a gaiolinha improvisada serviu muito bem ao propósito para o qual ela foi criada, (conduzir Vicentino até a clínica veterinária), minimizando assim o estresse ao nosso pequeno pardalzinho causado pela viagem.

Creio que, por ter sido feita por uma pessoa amadora, a gaiolinha serviu perfeitamente! Embora necessitaríamos dar um acabamento melhor para que seu aspecto ficasse mais admirável.

Tendo um plano em mente, usei de toda minha habilidade e fiz alguns melhoramentos necessários. Aproveitei para colocar no centro da gaiola improvisada um pequenino poleiro para que Vicentino pudesse seguir viagem em posição natural. Aquela óbvia posição de empoleiramento das aves, que é de pé, apoiados nas próprias pernas e não segurado pelas mãos de um ser humano, como foi da última vez que o conduzimos.

Interessante, quando se trata de cuidar dos nossos animais, as coisas mudam, e especialmente hoje foi o tempo na cidade de Caçapava.

Uma cidade tipicamente reconhecida pela grande incidência de raios, chuvas temporãs, que caem sem o menor aviso. O céu fecha, o sol vai embora e o aguaceiro desaba. Assim é a cidade de Caçapava!

E naquele momento em que eu terminei a gaiola, enquanto subia para tomar um banho, o céu se fechava e a tempestade estava se formando. Só foi o tempo de eu descer para o andar de baixo do nosso sobrado, após banhar-me que, a tempestade começou.

Heloísa já ciente do horário em que Vicentino teria sua consulta também se preparava para conduzir o veículo de sempre (o fusquinha).

Neste ínterim, minha esposa deveria se preparar para a pequena viagem e sobe para tomar seu banho, pois era inevitável conduzir Vicentino até a clínica veterinária e ela jamais deixaria de acompanhá-lo.

Seguimos da mesma forma como da última vez em que ele foi socorrido. A esta altura, ainda nos preparando para sair, o aguaceiro aumentou de forma tal que foi difícil passar pelos portões da casa para chegar até o carro. Conquanto, o carro já se encontrava na frente da casa, pois Heloísa ao chegar com ele, não o recolhera à garagem, por esta razão já estava de plantão esperando para conduzir o seu paciente mais famoso e conhecido, "o Vicentino".

De posse do meu costumeiro é necessário guarda-sol vermelho com cabo de madeira – superpesado, - apetrecho este que se tornou um guarda-chuva na minha concepção e utilização, contrariando a opinião de minha estimada esposa. Conduzi as mulheres da casa até o veículo, pois a chuva torrencial as molhariam, mesmo naquele curto caminho. Na verdade, aquele guarda-sol foi um presente de minha querida e estimada sogra, quando, em uma das suas muitas viagens à Santa Catarina, um estado do Sul do Brasil, ela ganhara de presente por mérito nas vendas que fazia para as lojas daquela região. E eu fui o escolhido para receber tão necessário e eficaz presente, que se mostrou muito útil naquela hora de aguaceiro de verão!

Saímos todos apressadamente para não dar chance aquela tromba d'água nos pegar e nos deixar, mas molhados do que peixe n`água.

Mesmo com todo cuidado não houve jeito de continuar seco, pois era impossível se manter enxutos debaixo daquela tempestade.

Já todos no carro, tomamos a estrada em direção à cidade de Taubaté. Cidade enorme, muito maior do que a pequenina Caçapava na qual moramos. Sorte a nossa, pois, devido ao seu tamanho, ela é provida de diversos comércios, onde, um dos quais são as clínicas médicas, que atende os seres humanos. São muitas com especialidades diversas para atender crianças, jovens, adultos e idosos. Existem também às clínicas veterinárias para animais de várias espécies.

Só descobrimos estas qualidades da cidade de Taubaté, com relação as clínicas veterinárias, devido este acidente com o Vicentino. Foi muito bom saber que existe um especialista em animais silvestres bem próximo à Caçapava e isto foi uma ótima descoberta!

Sabemos que é de vital importância que uma cidade tenha esses tipos de comércios, pois, nunca sabemos a hora em que iremos precisar de algumas delas.

Quem tem seus animais, ("Pets"), deve estar sempre preparado para emergências como estas. Claro, desejamos que, nenhum leitor tenha uma surpresa desagradável como nós tivemos, pois sabemos que estes casos estressam tanto o animal, quanto ao dono deste. Embora, jamais queremos estar dentro de uma situação parecida, mas estar preparado é necessário, bem como, se possível, manter toda calma também, para que o ocorrido não se torne pior do que se apresenta.

Casos em que, devido ao nervosismo e falta de preparos psicológicos materiais, tal como, ter um carro, algum dinheiro reservado, pessoas conhecidas que possam dar informações corretas e precisas no momento em que você está desesperado tentando socorrer seu animalzinho de estimação, são vitais para o sucesso de uma situação de socorro emergencial. Neste momento o desespero toma conta e, às vezes, por causa disto, não conseguimos dar o apoio necessário (o devido socorro), simplesmente porque o fator psicológico sem o necessário domínio faz com que a pessoa cometa erros primários. Por esta razão, além de contar uma história real que aconteceu conosco, claro, pode acontecer com qualquer um, listamos aqui lições que podem ser utilizadas por alguém que se encontre em uma situação parecida.

Mas voltando a estrada! Logo, já estamos nós debaixo de uma chuva... E chuva torrencial onde, creiam vocês, antes de chegarmos em Taubaté, já próximo ao Viaduto que segue para Cidade de Campos do Jordão, o granizo começou a cair. Eram pedras de gelo de bom tamanho que batiam nos para-brisas dos carros, onde podíamos ouvir o barulho que estas pedras faziam devido à força lançada pela natureza, sobre todos que estavam ali naquela estrada.

Ficamos em dúvida em qual saída deveríamos tomar com o para podermos seguir o caminho correto até a clínica. Esta dúvida fora causada porque não marcarmos a saída correta da última vez que fomos a clínica levar Vicentino, mas como em todo caso sempre há uma solução, Heloísa pegou rapidamente seu celular, (os jovens são bons neste s aparelhos modernos), e colocou o último endereço em que havíamos usado para irmos até a clínica do doutor Lucas Amaral.

Doutor Lucas Amaral é o veterinário que cuida do Vicentino, o dono da clínica veterinária Vita na cidade de Taubaté-SP.

Rapidamente obedecendo aos comandos indicados pelo celular, pois em nossa região o GPS funciona muito bem. Em poucos minutos chegamos a clínica, mas ainda debaixo de muita chuva.

Adentramos até a antessala em que normalmente é feita uma pré-seleção para o atendimento aos donos de seus "Pets", conforme o caso de cada um. Se é uma emergência, ou se é uma urgência. Claro que, cada caso é um caso e, isto requer uma ordem para que nenhuma vida corra riscos desnecessários por perda no tempo do atendimento. Ou seja, perdida por atendimento inadequado.

Com muita presteza a atendente nos disse que o doutor Lucas Amaral já nos aguardava, pois o horário em que chegamos, quase em cima da hora, já estava no limite. Contudo, rapidamente fomos atendidos com muita agilidade, dedicação e profissionalismo.

Mostrei ao doutor Lucas Amaral a gaiola fabricada de forma emergencial para levarmos o Vicentino até ele. Com algumas palavras de admiração e elogios ele a considerou muito boa, pois da última vez em que tivemos em sua clínica, a sete dias atrás, Vicentinho estava entre minhas mãos enrolado em gases e muito machucado. Mas hoje a situação era diferente! Quando você está preparado para as situações às quais vai enfrentar, com certeza, você se coloca de forma melhor para atender aquele que precisa de sua ajuda. Assim sendo, Vicentinho foi conduzido em uma pequenina gaiola pré-fabricada, mas de forma correta é funcional. Não é porque eu fiz, mas ficou "ótima"! (Risos).

Doutor Lucas Amaral, passando agora a examinar Vicentino notou que ele está bem! Entretanto, examinando melhor os ferimentos, notou que havia uma pequena necrose nos mesmos, e isso deveria ser tratado.

Espantado ficamos todos com esta nova informação, pois jamais poderíamos imaginar que o ferimento do Vicentino havia necrosado. Apesar de todo o cuidado tomado com o tratamento durante os sete dias recomendados pelo doutor Lucas, com a limpeza e a administração de antibióticos, dos analgésicos e dos anti-inflamatórios, nada disto impediu que aparecesse no ferimento uma pequena necrose. Depois de uma longa conversa em que relatamos as peripécias de Vicentino durante o tratamento, descobrimos a razão do acontecido.

Como Vicentino é um Pardal que gosta de tomar banho quase todo dia e, sua limpeza é de vital importância, mesmo que pudéssemos fazê-la à parte por ele, jamais seria tão eficiente quanto a que ele faz a si mesmo. Como todo dia ocorria, antes do acidente, ele tomava seu banho diário em água limpa e também o banho de areia. Assim, Vicentino sentindo calor, piava por estes banhos costumeiros.

Vendo que ele estava bem, apesar do ferimento, tomou banho quase todos os dias. Mais um erro nós cometemos ao deixá-lo tomar banho de areia, pois por mais limpa que seja a areia escolhida, ela contém alguns microrganismos que, com certeza, colaborou na proliferação de colônias de bactérias que desencadearam a necrose. Contando isto ao doutor Lucas Amaral, ele nos recomendou que deveríamos parar, ou melhor evitar o banho de areia. Poderíamos até deixar o banho de água, mas o de areia por enquanto não, até que estivesse totalmente sarado.

Necessário foi a mudança da pomada usada no tratamento do Vicentino, pois esta nova pomada agiria de forma a evitar o crescimento da necrose.

Interessante foi saber que, conforme doutor Lucas Amaral nos disse, alguns procedimentos devem ser observados, pois Vicentino ainda corria riscos. Risco até de ter a sua asa amputada. E por que isto? Simplesmente pelo fato de que esta necrose deve ser tratada para sua regressão imediata. Existe alguns métodos eficazes para isto. Um deles é a "debridação", que é a reavivação do tecido, uma remoção do tecido morto, estimulando o sangramento para estimular a cicatrização correta do tecido da pele. Assim, a carne se recupera e a ferida é fechada. A outra forma é o uso da pomada que poderá fazer com que a ferida seja fechada mesmo sem a raspagem, conforme comentada no processo anterior. Neste último caso, se a necrose aumentasse, a amputação seria necessária para evitar a morte do animal por sepsia[20]. Esclarecimentos dados pelo doutor Lucas Amaral a todos nós, com muita paciência.

Assim sendo, depois de nova receita e uma bela prosa a respeito das peripécias do Vicentino no seu dia a dia, foi finalizada a consulta do

---

[20] **Sepse**, também referida como **sépsis**, ou **sepsia**, é uma condição potencialmente fatal que surge quando a resposta do corpo a uma infeção danifica os seus próprios tecidos e órgãos.

nosso querido pardalzinho guerreiro. Isso posto, Dr. Lucas Amaral nos despediu para que pudéssemos retornar à nossa casa - em Caçapava.

Aquela chuva torrencial já havia amenizada e, apenas alguns chuviscos caiam sobre nós quando deixamos a clínica. Resolvemos com isto ganhar tempo e passar na farmácia para e comprar a pomada indicada para o tratamento da necrose da asa do Vicentino.

Interessante saber que os remédios para os humanos servem também para animais. Claro que não são todos! A pomada recomendada pelo doutor Lucas Amaral é a "Kollagenase", cuja informação contida na caixa diz que é uma pomada dermatológica de uso pediátrico, que auxilia na cicatrização de lesões da pele, feridas e úlceras e queimaduras.

Sabemos que Vicentino irá se recuperar com as graças do bom Elohim (Deus) que tem cuidado de nós e dele também.

Por mais esforço que façamos jamais alcançaremos êxito se não fosse pela graça, bondade é amor do nosso Elohim (Deus).

Cuidar de um animal assim tão pequeno que, para muitos nada vale, mas que para nós é um tesouro, faz uma grande diferença, além do amor que temos por ele, isto nos dá um grande prazer.

Vejo um legado nisto tudo! É que podemos sempre praticar atitudes de amor e carinho a qualquer ser vivo, independente de qual seja. Bem como, podemos dar atenção àqueles que precisam de nós em momentos difíceis de suas vidas, seja ele um ser humano ou mesmo um pequeno pardalzinho de apenas vinte gramas de peso, como no caso do Vicentino. Amar é bom demais e nos deixa em paz conosco e com o Criador!

Hoje para nós foi mais um dia de alegria em que podemos ver manifesto o poder, a graça, e a misericórdia do nosso Elohim (Deus). Por esta razão estamos agradecidos pelo dia de hoje! Obrigado Senhor!

Com certeza teremos a sequência dessa história no decorrer deste livro com novidades que irão alegrar os corações daqueles que amam seus animais e que sabem a diferença em "só cuidar", de "cuidar bem".

Há pessoas que apenas fazem o básico e acham que já estão fazendo muito, mas nem sempre o básico é o suficiente, às vezes é necessário caminhar um quilômetro a mais quando nos pedem para caminhar além das nossas forças. Como nos ensinou Yeshua Ha' Maschiach (Jesus - o Messias) que, "se alguém te pede para ir uma légua, vai duas com ele. Se alguém te pede a tua túnica, dê a ele também a tua capa". Temos sempre que fazer além do pensamos poder fazer. Veja! "Se tu amas tua mãe, o que fazes tu demais? Por conseguinte, é a tua obrigação. Mas, se amas ao teu inimigo, aí sim, fazes algo para agradar o coração do Eterno Pai".

Com esse mesmo entendimento devemos lembrar que, só cuidar de pessoas, animais, ou do estrangeiro que chega à nossa porta, talvez isso não seja o bastante. Muitas das vezes é necessário ir um pouco além, quando esta caminhada, às vezes está além das nossas forças! O sublime é fazer algo quando já não temos mais forças para tal, mas que a fé nos move além das nossas capacidades! Estes são os milagres do amor!

Pensando nisto e entendendo os conselhos e as verdades do Salvador Yeshua (Jesus), que nos ensinou que devemos praticar o bem, não escolhendo quem seja o receptor. Se esta for uma pessoa, bom para ela, mas se esta for apenas um pardalzinho, bom para ele também, pois o amor não tem medida, não requer o seu próprio bem, mas folga com o bem do próximo. Com esta primícia, nos alegramos vendo Vicentino se recuperando do acidente que tivera quando, por ocasião do destino, quase morreu. Se for é uma prova para exercitarmos ao amor, que bom!

Assim segue a história de um pardalzinho de estimação que, duvido muito que haja quantidades enormes de pessoas que mantenham em suas casas um Pardal de estimação pelo simples fato de gostar de pardais.

Muitas das vezes, devido ao nosso egoísmo, para nosso próprio bem, querendo encher os nossos olhos e corações com coisas valiosas, simplesmente optamos pela espécie mais rara e cara. Cuja admiração os materialistas atentam em primeiro plano nas suas escolhas possessivas. Mas para nós o Vicentino é o bastante, cujo valor não sabemos calcular, pois somente o eterno sabe o preço que custa a vida de um inocente pardalzinho no campo espiritual.

Entendo que até nós fomos surpreendidos pelo grande amor que há em nosso ser, basta darmos vazão a ele e este jorrará como uma fonte de água que nasce nos altos montes e mata a sede de um grande vale!

Quem poderia quantificar o valor de um ser humano para o Eterno? Ou, quem poderia quantificar o valor das criaturas criadas pelo Eterno em valores monetários? São mistérios que jamais descobriremos enquanto aqui estivermos, neste corpo humano, terreno, fraco e mortal.

E as histórias de Vicentino, nosso Pardal de estimação, continua!

Capítulo 5

De Volta à Clínica Do Dr. Lucas!

Mas uma vez Vicentino volta aos cuidados do doutor Lucas Amaral, um excelente veterinário do qual jamais esqueceremos, pois se a questão exige qualidade, eficiência e dedicação, com certeza isso encontramos de sobra neste magnífico profissional. Um ser humano imbuído de muita paciência e grande amor, um veterinário por excelência que se dedica a todos os pequeninos que ficam sob seus cuidados. Isto é inegável, além do que, notória é a Clínica Veterinária Vitta com suas ótimas dependência que trazem conforto e segurança para quem busca e precisa de qualidades excepcionais para seus "Pets" em tratamento - (vide fotos).

Todavia, voltando à nossa turma do barulho, que não quer perder um momento sequer das aventuras do pardalzinho mais sortudo deste planeta, e para alegria de todos... O "Contador" voltou!

– Quem se atreveria a fazer a primeira pergunta?

– Eu... - "Por que a clínica é toda colorida? - Vi até um macaquinho na árvore!

– Você deve estar se referindo a entrada da Clínica Vitta?

– Sim!

– Certamente que sim, posso afirmar, sem sombra de dúvidas que é uma das mais belas clínicas veterinárias que já vi. E olha que conheço muitas delas, pois aqui em casa temos vários animaizinhos e já levamos eles a muitos lugares diferentes. Mas com relação ao colorido da clínica, claro que a melhor pessoa a responder esta questão é o proprietário dela - Dr. Lucas Amaral. Sabe que eu mesmo não perguntei sobre isto a ele! E acho que Heloísa também não, apesar de ficarmos um bom tempo comentando sobre a decoração e admirando, (assim como vo-

cês). Ficou com um visual espetacular! A clínica é tão bonita que esquecemos de perguntar sobre este detalhe. Por si só ela diz o que pensa seu proprietário, (imaginamos que seja isto). Dar o melhor que pode aos seus clientes. Isso é maravilhoso!

Como eu disse, temos muitos "Pets" e quem sabe um dia eu possa contar a vocês a história de nossa jabuti fêmea - a Anitta! Ela tinha um segredo interessante! Descobrimos, depois de levá-la a veterinária, que

Anitta é... Vocês não nem vão acreditar no que descobrimos com a doutora que operou nossa jabota[21]. Ela é hermafrodita[22]. Isso mesmo! Vejam o significado na notinha de rodapé aqui embaixo dessa página.

---

[21] **Jabota:** Zoologia - Fêmea do jabuti ('designação comum').

[22] **Hermafrodita:** Medicina: - Que ou quem apresenta, concomitantemente, tecido ovariano e testicular.

Mas a história é longa demais e não dá para dar detalhes aqui! E que história bonita ela tem! Portanto pessoal, vamos deixar os segredos de Anitta para outro dia, ou melhor, para outro livro. Vai ser o livro da Anitta - a Jabuti Resinada! Prometo!

– E não adianta fazerem estas caras... Nem perguntar mais nada, pois não vou dar mais detalhes da Anitta! Vamos esperar outro livro, o livro dela! Está bem? Ahhhh! Para vocês também.... (Risos).

Olha ela aí na foto após a cirurgia! Toda faceira, mas se recuperando!

– Então pessoal, gostariam de saber tudo sobre o dia do retorno do Vicentino ao veterinário? Então vamos lá! Prestem bem atenção!

Vamos fazer como sempre fizemos. Montem a roda e vamos ouvir a história. Preparem a pipoca e todos quietos! "Okey?"

– Podemos ir? - Pois bem! A primeira questão é dizer porque tivemos que voltar ao doutor Lucas.

– Não sei se vocês sabem, mas quando levamos nossos animaizinhos ao médico veterinário... Isto mesmo, ao médico! O veterinário é o médico que cuida dos animais, pois eles também precisam de tratamentos quando estão passando mal!

– Quando estamos doentes, temos que ir nos consultar com o médico, não é verdade? Desta mesma forma, também acontece com os animais. Quando detectamos, ou notamos qualquer coisa diferente em nossos animaizinhos de estimação, devemos ir correndo ao veterinário, que é o médico dos bichinhos, para saber o que há de errado com eles.

Nunca deixem de levar seus animaizinhos ao veterinário, pois isto é muito importante. Nem que seja só para uma consulta, ou para receber as vacinas adequadas, quem sabe... E também para avaliar o estado geral deles, isso também é importante. As vezes as doenças não apresentam sintomas... Eles estão doentes, mas nem eles nem nós mesmos sabemos. Neste caso, uma avaliação com o veterinário pode descobrir algo de errado antecipadamente e aí é só tratar! Não é bacana!

Porém, se temos algum indício, o importante é agir, assim que se notar algo diferente, devemos correr logo para o veterinário! Quanto mais cedo se sabe sobre uma doença, mas fácil fica a cuidar dela e obter a cura. E o inverso também é verdadeiro! Se deixarmos passar muito tempo, pode ser que não haja mais tempo de curar ou, se conseguirmos, vai demora muito mais do que era necessário se tivesse ido antes!

É isso aí pessoal, não podemos facilitar quando nossos "Pets" estão correndo riscos com doenças! Todo cuidado é pouco! Entendido?

Então, toda vez que levamos nossos bichinhos ao veterinário, eles devem retornar alguns dias depois para saber como está sua saúde e se o tratamento adotado pelo veterinário está dando certo. Se ele melhorou ou se o doutor precisa mudar algum medicamento, ou mesmo o procedimento, isto é, o método como está sendo tratado o bichinho. Às vezes é necessário adicionar outros remédios, ou quem sabe, mudar algumas coisas, tais como: a forma de tratarmos em casa, a comida (mudando o tipo de alimentação), etc., etc., (...) Claro que somente o veterinário saberá o que deve ser mudado no tratamento. Ninguém deve administrar remédios por conta própria. Isto pode até matar seu bichinho!

Assim foi com Vicentino... Lembra que voltamos com ele devido a necrose na ferida? Alguém lembra disto? Pois é, aquela necrose teve que ser tratada de uma forma diferente e com um remédio específico (aquela pomada de nome complicado)... Depois dela, ele melhorou muito mais rápido e ficou quase bom. Agora está se recuperando a cada dia mais! O que falta agora são as penas crescerem numa nova muda!

Ah! Deixa eu contar para vocês o que fiz com a "UTI móvel" do Vicentino! Isto mesmo! Vicentino ganhou uma gaiolinha nova só para levá-lo a clínica. Da primeira vez ele foi na mão, depois, pensando bem, chegamos à conclusão de que ele precisaria ir com mais conforto! Resolvemos então fazer aquela gaiolinha, bem pequenininha, exatamente só para ele.

Como aqui em casa tudo é feito com muito amor e zelo, resolvemos criar a nossa própria gaiolinha única e toda feita à mão. E a denominamos de "UTI móvel" (na verdade, Heloisa deu este nome a ela). Mas a ideia partiu de Guida (Margarida)! Como sempre, minha esposa dá a ideia e eu fabrico, mas ela é que pinta. Uma coisa eu confesso... Posso até fazer uma gaiolinha, mais se tiver que pintar, aí estou fora. Deteste

pinturas! Nestas horas entra minha esposa, executando esta parte que, por sinal, acho muito chata. Não gosto de pintar nada! Sério mesmo! Verdade! Desde pequeno sou assim, e depois de velho, continuo...

– Alguém aqui gosta de pintar? O que vocês gostariam de pintar? – Então vou lançar um desafio! Experimentem desenhar e pintar o Vicentino! Que tal esta ideia? Seria bacana fazer uma disputa entre todos e saber quem vai criar o melhor desenho colorido do Vicentino. Está aí lançado o desafio! Cobrem ao papai ou a mamãe o prêmio depois do desenho pronto e pintado. Tem que ser colorido, combinado?

– Que tal um belo sorvete como prêmio numa tarde ensolarada? Tenho certeza que vai ser muito legal! - Garanto isso!

Alguém diria que já estou enrolando, mas vamos saber agora como foi a revisita do Vicentino a clínica Vitta. Fiquem todos calmos, pois saberemos nos mínimos detalhes! Vamos ouvir em silêncio...

– Vicentino foi a terceira e última consulta usando sua "UTI móvel". Isso mesmo, aquela gaiolinha especialmente fabricada para ele que recebeu este nome dado por Heloísa que, ao vê-la pintada e particularmente engraçadinha, não hesitou em dizer com ar de risos:

– "Olha a UTI Móvel" do Vicentino! - De fato, ela ficou muito bacana mesmo! Pintada de verde claro e verde escuro. Uma beleza! Tem a foto dela aí para conferir, e outras, quando Vicentino chegou na clínica dentro dela! Vejam e digam se não ficou bem bacana! Não tem luxo, mas está repleta de amor em cada detalhe. Foi feita com esmero e muita dedicação por todos nós que amamos o Vicentino!

Se alguém quiser saber o porquê destas cores... Perguntem a minha esposa, pois foi ela que escolheu. - Se bem que ela sabe quais são as minhas cores favoritas. São todos os tons de verde que existem na natureza. Talvez subconscientemente tenha buscado em suas memórias este pequeno detalhe particular atribuído a minha pessoa. Agora a razão pela qual gosto da cor verde e suas nuances, já vou explicar...

As florestas são verdes e como gosto de matas, o verde é minha cor preferida! Por mais que seja tudo verde, a mata é distinguida entre tudo. Os verdes de lá se entrelaçam e fazem as matas serem o que são. Isto na verdade me fascina lembrando-me do nosso Criador! - Que mente suprema nosso YHWH (Yahueh) tem, não é verdade? A natureza e toda sua beleza exalta a glória do nosso Eterno Criador dos universos! Que trabalhão deu fazer tudo que existe na natureza! Que qualidade... Não é verdade?

Agora retornando ao Vicentino...

– Ao chegarmos na clínica, logo-logo fomos atendidos, pois já tínhamos a uma certa marcada. Doutor Lucas fez questão de, após examinar nosso amado Vicentino, nos dar a mais bela notícia. A mais esperada de todas! Foi constatada sua melhora substancial e, disse-nos que poderíamos deixar os medicamentos, inclusive a pomada. Aquela que Vicentino detesta, pois gruda nas penas dele e ele se irrita com isso!

Ah! E fez questão de dar um presentinho ao vicentino. Um shampoo para pássaros. Isto mesmo! Nem nós mesmos sabíamos que existia esse produto para pássaros. Então fiquem admirados juntamente conosco, tanto quanto ficamos, ao saber que existe esse "shampoo" especialmente para pássaros. Agora Vicentino irá tomar banhos com aquela solução magnífica para retirar os resíduos de pomada que ficam impregnadas nas penas dele e deixá-lo hiper-tri-cheiroso. Um cheiro super agradável de citronela! Só achei um pouquinho forte a citronela!

Doutor Lucas nos ensinou que os pássaros detestam que suas penas fiquem sujas, por isso, eles tomam banhos todos os dias. O Vicentino é assim. Adora banho! - Escreveu, não leu, lá está ele mergulhando na água! Interessante que até em dias frios ele faz esse mesmo ritual. Talvez seja a mania pelo excesso de limpeza. E olha, desconfio de quem Vicentino aprendeu esta mania... Dona Margarida! Isso mesmo! De Guida! Pense numa mulher que vê sujeira em tudo que existe e, com isso, já tem uma bela desculpa para sair limpando qualquer lugar suspeitamente sem asseio e, quem sabe, "cheios de germes"! (Risos) Ah! Ah! Ah!

– Já disse para ela que isso já virou uma "mania", sistemática e estranha por demais... Sabe-se lá se não é isso! O tal do "TOC[23]"... Se for isso, claro que temos que tratar, com certeza!

---

[23] O Transtorno Obsessivo-Compulsivo (TOC) é um transtorno comum, crônico e duradouro. É caracterizado pela presença de obsessões e/ou compulsões.

Outra coisa interessante que Vicentino gosta é de formigas. Não sei ao certo quais os alimentos naturais que os pardais comem quando estão soltos por aí, porém, quanto ao nosso pequeno, ele adora formigas.

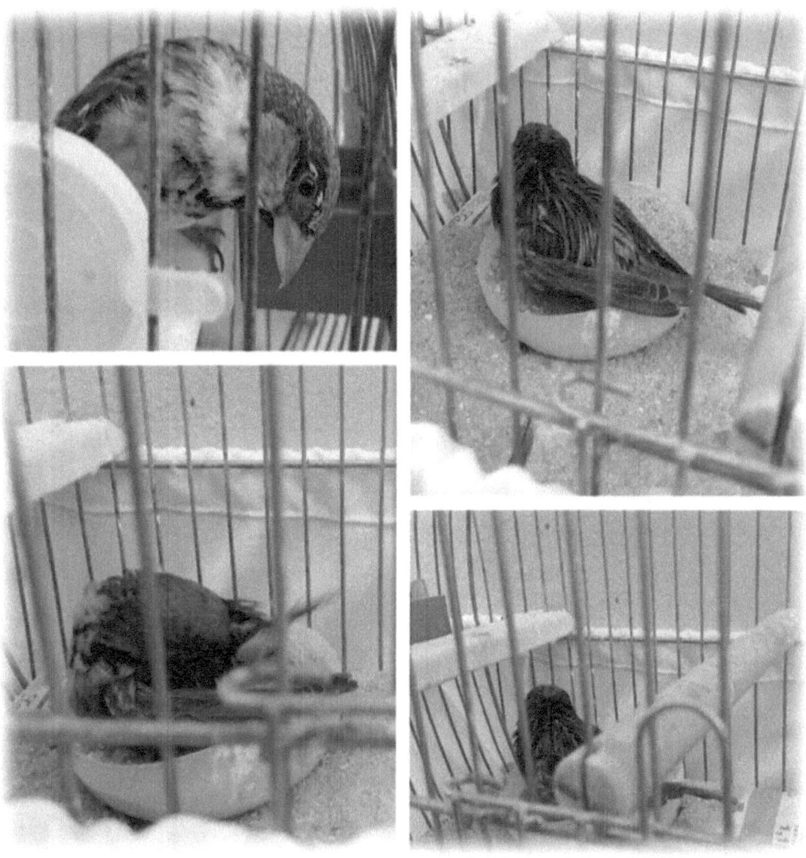

Diria até que ele é uma mistura de ave com tamanduá! Verdade! Parece incrível a vontade com que ele come formigas. Se der milhares ele traça todas rapidinhas! Parece petiscos! Aqueles que as crianças adoram comer antes das refeições. Assim é o Vicentino por formigas. Só não sei dizer se dentre os milhares de espécies que existem ele tenha preferência por algum tipo específico. Mas ele come as pretinhas, (não sei o nome desta espécie), mas sei que são formigas pequeninas e muito difícil de pegar. Diria que são as supervelozes. Fazem cada curva e dá um baile quando tentamos pegá-las.

Vejam o trabalho que este pardalzinho nos dá! - Ele come em nossas mãos sem a menor cerimônia. Algumas larvas ele também gosta, pois retiro da nossa composteira, quando tem claro! Mas das larvas ele só gosta a parte interna suculenta, a casca seca, aquela parte que parece com o material da asa da borboleta, ele dispensa. Vicentino é exigente por demais e sabe realmente escolher o melhor de tudo que oferecemos a ele. Espertinho não! Vocês não acham?

O banho de areia é outra parte do dia em que ele gosta muito, apesar de que, nestes dias de convalescência ter sido proibido este tipo de asseio para não contaminar seus ferimentos e piorar sua situação. Mas, por não atentarmos a este fato, a situação dele ficou delicada!

É pessoal! Vicentino é exigente por demais! Também pudera... Ele merece ser assim, depois de tudo que já passou nesta sua pequena jornada da vida! Mas, agora depois de tudo isso, ele já pode voltar aos seus ritos habituais. Infelizmente ainda cai de costas quando tenta fazer suas peraltices. Enquanto suas penas não crescerem completamente, será assim, um susto atrás do outro. Vira e volta, quando se olha para a gaiola... Cadê o Vicentino. Ploft! - Sim realmente escutamos aquele típico "Ploft" da queda do poleiro até o piso da gaiola. Ainda bem que é muito baixinha a distância do poleiro até o piso. Não chega a quinze centímetros de altura. Por enquanto, ainda seremos surpreendidos por estas ações de traquinagens do Vicentino...

Retornando ao assunto em questão, que foi consulta do Vicentino ao veterinário... Uma coisa engraçada aconteceu, entretanto, quase matou de susto a senhora Margarida (Guida, minha esposa) foi quando Dr. Lucas, logo após dar de presente o "shampoo" ao nosso pardalzinho, veio o grande susto!

— Mas que susto foi este "Contador"?

— Ele simplesmente fez um teste aerodinâmico com Vicentino, soltando-o de uma certa altura para ver como se comportaria na queda e, o resultado foi imediato, à vista de todos nós... Aquele barulho de novo na chapa da mesa... Ploft! Lá foi Vicentino em queda livre direto para a mesa de inox.

Como já é de seu costume cair do poleiro. Não sabemos se Dr. Lu-

cas esperava que ele voasse... Ficamos todos perplexos! Ainda bem que à altura era razoavelmente pequena, mas comparada ao poleiro, bem maior. Para nosso alívio, Vicentino estava sob a supervisão de um veterinário experiente Só que voar, nem pensar! Que voo que nada! Desceu direto como uma pedra na água! Minha esposa quase caiu dura ao ver o Vicentino despencando da mão do veterinário! Só não se derramou em prantos ali mesmo por vergonha, mas que pela cara que ela fez, sei que teve vontade de gritar e reclamar. De sorte que, se fosse outra pessoa, que não o Dr. Lucas, ela voaria no pescoço do sujeito que

fizesse aquilo com o seu pardalzinho tão frágil e pequeno! Realmente ela ama muito este pequeno milagre de Deus – o Vicentino!
O coração dela quase saiu pela boca.

Heloísa do nosso lado, abriu os olhos e ficou com aquela cara de ... "O que foi isso?" Também não entendi o que aconteceu, pois o Dr. Lucas apenas comentou e rapidamente fez isto, nem nos deixou se preparar psicologicamente para a "terrível" queda livre controlada! (Risos).

Isso foi no exato momento em que Heloísa ia bater uma foto do Vicentino com o Dr. Lucas... Aí aconteceu! Vejam a imagem anterior ele em pleno voo, ou melhor, queda... Heloísa captou est imagem no susto que teve. Seria trágico se não tivesse sido cômico! Todos riram, uns de nervoso e outros de alívio!

– Eu pensei... Coitado do Vicentino, mais uma queda! Mas estávamos diante de uma pessoa experiente e que sabe o que faz, logo, mesmo não entendendo nada do que havia acontecido ali, fiquei tranquilo. Mas confesso que me assustei também. Imaginei alguma coisa, tipo assim:

– Lembram quando uma gata pega seus filhotes pela boca e carrega eles de um lugar para outro? Assim, ao vermos uma cena como esta pensamos que o bichano está sentindo dores pela abocanhadura de sua mãe, mas na verdade, ela sabe como fazer aquele transporte sem machucá-lo. Assim mesmo é o veterinário, ele sabe como fazer estes testes sem ferir o animal. Afinal, são anos de experiência tratando os bichinhos todos os dias! Do contrário, já teriam muitos pássaros morrido assim!

Mas tudo isso, doutor Lucas explicou que era necessário para saber o equilíbrio dele e como se comportaria para voar. Apesar de lhe faltar muitas penas, aquela bendita pomada pesava no seu corpinho minúsculo e frágil, afirmou doutor Lucas. Disse que a pomada pesa muito, pois ele só tem vinte gramas e qualquer peso extra desequilibra a sua estabilização para voar. Faz sentido! Mesmo assim, coitados do Vicentino, estava com sua bússola completamente avariada e a sua estabilização para o voo também. Por enquanto, nem pensar em voar, até porque suas penas devem crescer primeiro! Vamos esperar mais alguns dias, na verdade, Dr. Lucas disse que levaria meses para as penas voltarem ao normal. Talvez ele tenha uma muda, espero que não seja encruada, devido a todo estes momentos de estresse.

Isto nos esclarece as diversas vezes em que Vicentino tentou passar de um lugar para outro e desequilibrava caindo de costas e com as patinhas para o ar. Interessante que ele fica nesta posição esperando que algum de nós (eu, Heloisa ou Guida) venha ao seu socorro e o desvire.

Agora entendemos o porquê daquela situação e o que a pomada faz em relação ao equilíbrio do passarinho! Ele deve estar bem equilibrado para voar corretamente, e com isso, perde o controle da direção a seguir! Até as peninhas do rabo já caíram...

Logo após este teste e, mesmo durante, fizemos fotos! Tem uma delas em que doutor Lucas está com o Vicentino na mão. Ali vemos minha esposa à esquerda, eu, Dr. Lucas e Heloísa à direita dele. Agora vocês puderam conhecer a todos nós! Devido ao calor, eu estou totalmente à vontade de camiseta! O dia estava quente demais. Muito diferente, comparado a primeira vez em que até chuva de granizo pegamos no caminho para a clínica Vitta! Lembram disto? Contei para vocês esta parte, foi no primeiro socorro ao Vicentino. Todos nós correndo e desesperados como Vicentinos entre minhas mãos Heloísa dirigindo e Guida como copiloto buscando o caminho certo para chegarmos à Clínica Vitta!

Agora desta última vez que retornamos, o Vicentino já estava bem melhor das feridas provocada pelo gato. A necrose sumiu e ele está todo afoito. Serelepe que só e já querendo dar seus voos rasantes, como antes fazia! Porém, alguém deve avisar a ele que suas penas devem crescer primeiro.

Lembramos que era uma ferida muito grande na altura do peito, na

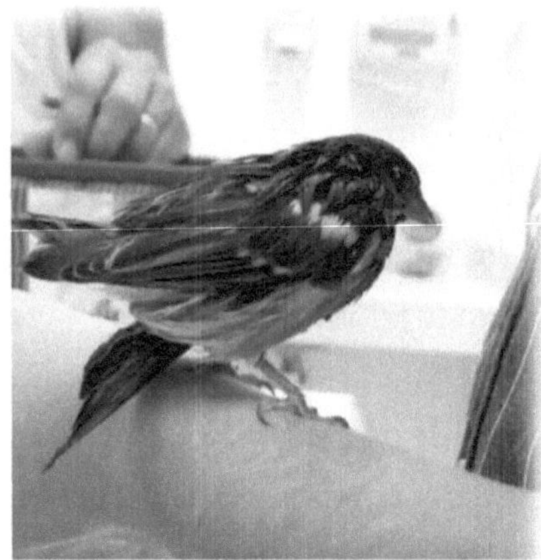

parte debaixo da asa esquerda e sobre a mesma. A coisa ficou tão feia, que achamos que aquele seria o último dia do nosso pardalzinho! Por isso nossos sinceros agradecimentos ao nosso Elohim (Deus) Criador e também ao Dr. Lucas Amaral pelo eficiente tratamento que resultou na melhora rápida do Vicentino. Um milagre ocorreu, temos certeza disto. Sem dúvida alguma, há a mão do Eterno nesta questão!

Dr. Lucas é dono de um fusca 1963 e, ao tomarmos conhecimento deste fato, a conversa se estendeu para outras áreas, a tão renomada e admirada área automobilística! Claro que ao ver aquele fusquinha na frente da clínica, não podíamos deixar de perguntar quem era o dono daquela relíquia. Ficamos surpresos ao saber que o sortudo, nada mais, nada menos, era o Dr. Lucas, que nos afirmou com muito entusiasmo sua paixão pelo fusquinha dele. Na cor bege claro e muito bem cuidado! Lindíssimo, por sinal! Ficamos admirados com a qualidade do fusquinha 1963, pois Heloísa também anda com um fusquinha azul céu. Claro que isso foi motivo suficiente para uma longa conversa sobre as vantagens e qualidades dos "fusquinhas sobreviventes", que ainda restam nas mãos dos aficionados por estes automóveis, que remontam os bons tempos de outrora. Somente os admirados e saudosistas amam esta marca e modelo.... Mas interessante é que alguns jovens também se interessam pelas marcas "Retrô" – as "Vintage" que ainda trafegam por aí, tipo a jovem Heloísa e seu noivo Eduardo! Sempre há exceções quando se trata de gostar de algo que não foi da sua época de infância, mas que foi da época dos seus pais e isto é o bastante para admirar as coisas antigas! Assim são os admiradores das relíquias automobilísticas "Vintage"!

Esta última visita foi a melhor em todos os aspectos, exceto o susto que tivemos! Entretanto, as recomendações do Dr. Lucas Amaral foram as mais promissoras, depois de longos dias de espera ansiosos pela pronta recuperação do Vicentino.

Claro que sempre há um novo apetrecho a ser adquirido quando se trata dos "Pets" e um deles foi, ao retornarmos da clínica, tivemos que passar na farmácia e comprar uma escovinha de bebê. Compramos o novo item para dar banho no Vicentino com a máxima qualidade possível. Optamos por uma escova bem fininha, a mais macia possível para auxiliar no banho, afinal ele é o centro das atenções e merece toda atenção... Feito isso, mais uma etapa resolvida!

Como já era tarde quando retornamos da clínica, o banho ficou para o dia seguinte.

Fomos dar aquele banho com o novo produto que fora recentemente ganho de presente, mas aí tivemos uma nova surpresa... Se não morremos de susto com Vicentino, eu não sei mais o que nos poderá matar. Há sempre uma novidade acontecendo a cada dia que passa! É uma saga incrível a vida deste pequenino pardalzinho!

Desta vez, observando todas as recomendações do veterinário, que eram especificamente 13 gotas para cada 100 ml de água, (eu mesmo fiquei na dúvida se Dr. Lucas havia dito 13 ou 3 gotas), mas confiei na prodigiosa memória jovem de Heloisa, afinal, ela é que será a nova veterinária e na sua idade atual, ela capta melhor as informações.
Pois bem, lá fomos nós ao banho do Vicentino com o novo produto.

Heloísa, imbuída dos cuidados necessários, na hora do banho providenciou fazer as medidas corretas dos líquidos (água morninha e shampoo) a serem misturados nas devidas proporções. Estes pequenos detalhes é que fazem a grande diferença, pois uma gota a mais faz qualquer remédio virar veneno, ainda mais quando se tratar de um paciente de apenas 20 gramas de peso. Então Heloísa teve o máximo de cuidado ao dosar tais componentes. Não poderíamos correr riscos em errar as medidas recomendadas pelo Dr. Lucas. Poderia ocorrer mais uma catástrofe sem precedentes!

— Mas, e o susto? Alguém esperto e que está prestando à atenção as peripécias do Vicentino, curiosamente perguntaria...

— O que aconteceu desta vez? Que susto foi este?

— Esperem! Tenham calma! Vamos saber logo, logo!

O banho é a parte em que vicentino fica super alegre e nós já sabemos disto, quando ele toma sozinho, claro!

Heloisa prepara tudo e começa o ritual de limpeza com a mais nova solução adquirida. Porém, somente alguns minutos de banho contínuo se passam, nosso pardalzinho já estava todo "Jururu[24]"... Vicentino estava tendo sua higiene pessoal, todavia, notamos que ele emitia um ruído diferente, tipo um chiado estranho e muito alto, acima do normal. Este barulho diferente nos deixou atônitos, pois nunca ouvimos ele chilrear daquele modo. Claro que suspeitamos de imediato da solução. Ou estava na proporção errada, ou seria a causa do mal-estar do nosso pardalzinho. De imediato Heloísa apavorada liga para o Dr. Lucas e conta o fato. Perguntas e respostas rápidas são trocadas pelo "WhatsApp" no intuito de saber o que estava acontecendo com nosso Vicentino. Heloísa dá todos os detalhes possíveis tentando resolver aquela situação. Dr. Lucas até comentou para levarmos ele de volta a clínica para diagnosticá-lo com mais precisão. Como eu sou o tipo observador, pois sempre tenho acompanhado Vicentino em seus banhos diários, fiz os seguintes comentários de posse de minha suspeita e observação particulares.

– Já ouvi dizer que "Boa ciência é boa observação". Prestei bem atenção a esta informação quando assistir ao filme "Avatar", e faço uso dela neste momento. Naquele instante, Heloísa mais preocupada com a saúde do Vicentino, parou o banho, pegou ele e colocou em um paninho no intuito de socorrê-lo, pressentindo ser algo muito ruim o que que estava acontecendo. Foi quando eu disse a ela:

– O que ele tem é frio, e muito frio, por sinal! ... (Olhem as fotos dele durante após o banho). Mas sabe como são as coisas... De um lado o Dr. Lucas, - veterinário experiente recebendo informações de uma

---

[24] **Jururu:** Relacionado a tristonho, melancólico, apático. A palavra mantém o significado de origem. [Do tupi = "estar tristonho".]

estudante de veterinária, e eu dando meus "pitacos"[25]. Era exatamente esta a situação naquele momento de suspense e pavor, claro! Quem imaginaria uma recaída na saúde do Vicentino. Seria trágico demais para todos nós. E eu, como um abelhudo dando sugestão sem conhecer o

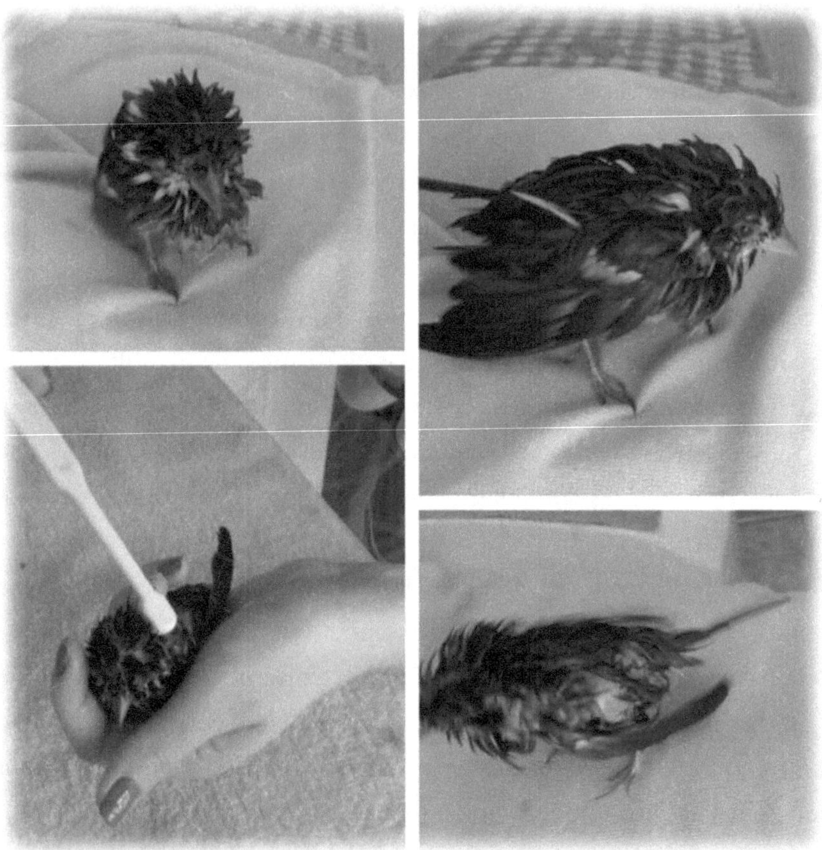

assunto, mas uma coisa devemos aprender com os mais velhos:

Experiência é vida! E a experiência de vida nos faz dar conselhos para situações que temos aprendido em nossas jornadas e, que muitas

---

[25] **Pitacos:** É uma sugestão. Geralmente, uma sugestão sem muito fundamento ou de gente intrometida que nada entende sobre o assunto em questão.

das vezes não são citados em livros. Lembram da memória dos elefantes que aprendem com suas mães onde se deve achar água e alimentos. Todas estas informações são passadas de pais para filhos, pelas experiências adquiridas uns com os outros. E por outro lado, nos recomenda a Palavra de Elohim (Deus)... "Tolo é aquele que não ouve conselhos." - Tão logo fiz esta observação, pedi para que retornássemos o Vicentino a sua gaiola e o coloquei direto sob o sol... Em pouquíssimo tempo ele parou aquele chilreado estranho e voltou a se comportar normalmente. Heloísa passou esta informação ao Dr. Lucas que, aliviado, recomendou para ficarmos em observação e, quaisquer mudanças no seu comportamento, deveríamos levá-lo direto para ele.

Estive pensando, "cá com meus botões"[26]... – "Um animalzinho deste tamanho com pouco peso, (20 gramas apenas), não deve ter muito calor para tomar um banho em mãos." Ainda sob o foco de minhas observações costumeiras, sempre notei que ao tomar seu banho, Vicentino treme suas asas vibrando-as bastante. Claro que estes movimentos de tremer causa calor interno compensando assim sua perda no momento em que faz seu asseio com água. Uma coisa compensa outra.

No caso de tomar banho nas mãos de alguém, ele não pode fazer estes movimentos característicos e não consegue compensar o calor perdido. Por não conseguir se tremer para aumentar o calor interno, creio que ele estava entrando, momentaneamente, em uma espécie de "quase hipotermia".

Assim pensei e agi, para entender o que estava fazendo nosso pardalzinho chilrear tanto, de forma tão diferente e assustadora.

---

[26] **"Cá com meus botões":** Ato de "refletir", chegar a alguma conclusão sozinho, após muito pensar". Uma gíria muito utilizada nas décadas passadas aqui no Brasil.

Então fica aqui uma sugestão. Jamais despreze a experiência de alguém que já viveu mais que você, isto pode salvar uma vida, ou mesmo até evitar uma grande tragédia!

E assim, Vicentino voltou a ser o que era antes. Agora estamos sempre de olho nele, pois afinal de contas, temos aprendido muito com esse serzinho de apenas 20 gramas e não mais que 5 centímetros de comprimento... O nosso pardalzinho de estimação - "Vicentino".

Ele adora ficar no computador enquanto estou digitando meus livros... Vejam ele antes do acidente, dormindo no meu braço e saracoteando na mesa do meu PC... Como estava esperto! Mas esperamos nas graças de Elohim (Deus) que ele vai se recuperar e viver por muitos anos conosco!

Capítulo 6

Assim, permanece a fé, a esperança e o amor!

E aí gurizada, gostaram das aventuras do Vicentino? Que bom! Espero que todas estas histórias possam ter levado até vocês algumas lições de vida e amor, esperança e fé. E que cada um de vocês possa entender o quanto de amor existe em uma relação entre as criaturas, pois elas são interdependentes, isto é, uns dependem dos outros e isto não pode ser diferente, de forma alguma! É o que fazemos aqui de bom neste mundo que vale a pena. Se fizermos o bem, será ótimo para todos nós, mas se praticamos o mal, vai ser pior para muitos também. Se podemos fazer alguém sorrir, por que fazê-lo chorar, não é verdade? São os bons exemplos que devemos seguir, isto em quaisquer etapas de nossas vidas.

Entendemos que as palavras são ditas para serem ouvidas, e tolo é aquele que despreza um bom conselho, mas somente os exemplos edificam de forma a tornar nossas vidas uma base sustentável, perene, edificada no amor para que possamos alcançar uma fase digna e plena, conforme a vontade do nosso Elohim (Deus), pois sabemos que as pessoas hoje em dia estão amando coisas e desprezando os seres vivos. Mas isto é um erro grave, porque as coisas perecem e se acabam, mas os animais são como nós, eles têm sentimentos iguais aos que temos.

Se sentimos fome, frio, calor sede, eles também sentem o mesmo. Desta forma, vimos que Vicentino é um ser privilegiado, por ser encontrado por uma família que lhe ama e protege, que lhe dá amor e carinhos. Se bem que tudo isso não seria nada desta forma se não fosse por permissão do nosso Criador. Em tudo que fazemos, temos que primeiro nos perguntar... Isto está correto? Deve ser assim mesmo? Se você tem dúvidas, pergunte a alguém mais velho e ouça os seus conselhos. Se ainda continua com dúvidas, confira os conselhos com seus pais e procure entender uma coisa: "Sábio é aquele que ouve bons conselhos, mas o tolo os desprezam e acabam por se darem muito mal."

Pois é garotada, aqui o "Contador" vai se despedindo, mas antes vou contar as últimas do Vicentino (deu até rima - risos). Porém, antes disto vou contar também algumas curiosidades aqui de Caçapava.

E para vocês que até aqui acompanharam as aventuras deste pequenino pássaro, resta-me dizer que ele vive pelas graças do bom Pai Criador, pois tinha tudo para já ter morrido, mas seu destino está sendo traçado de uma maneira que nós jamais saberemos a razão de tudo isso.

Depois do que já dissemos, sei que muitos de vocês estão curiosos para saber como é a cidade em que vive este maravilhoso Vicentino. Digo a vocês que não foi e jamais seria nossa intenção manter sob guarda fechada uma avezinha que nasceu para voar e tem toda a liberdade que o Pai Eterno lhe atribuiu quando criou a natureza e seus animais. Entretanto, as circunstâncias contrárias levaram tanto esse adorável pardalzinho, quanto a nós, seus tutores a tomarmos caminhos diferentes, com uma história que hoje deixa um belo legado, trazendo bons exemplos de vida para todos.

Seria maravilhoso dizer que ele vive nas matas urbanas com seus prédios e acessórios típicos de uma cidadezinha pacata do interior do estado de São Paulo, mas isto não é verdade. Apesar de que, Caçapava é uma cidadela interiorana e muito gostosa para viver. Ainda mais com as grandes metrópoles lotadas de pessoas, com muito barulho, trânsitos, acidentes, entre tantas outras coisas que trazem perturbações as nossas vidas. Viver em Caçapava é viver em paz, tranquilo e ainda sob uma áurea do interior, pois aqui existem fazendas, sítios e muitas chácaras com matas ainda nativas oriundas da nossa "Mata Atlântica".

Aqui temos um costume de chamarmos as pessoas que nasceram nesta cidade de "Taiadas". Isto mesmo, aqui moram os "Taiadas". Este nome nada tem a ver com a cidade em si, mas sobre um determinado alimento que ainda é produzido neste município.

Na verdade, "taiada" é uma iguaria, ou melhor, um doce feito à base de caldo de cana, farinha de mandioca e gengibre. Faz-se uma garapa com estes ingredientes, engrossando este caldo e depois colocando em formas que, depois de frio é cortado e vendido em pedaços de mais ou menos dez a doze centímetros. São uns tabletes de doces deliciosos!

Taiada é corruptela da forma acaipirada de talhada, doce que se deixa talhar, assim como coalhar, o mesmo que faz o leite quando azeda.

Existe uma receita em um livro, cujo título é "Miçangas Folclóricas", do excelentíssimo folclorista, o Sr. Francisco Pereira da Silva, cujo apelido é "Chico Triste", onde pode ser encontrada a receita típica mencionada por Benedito Martins que vale a pena ser conhecida. Ou para os mais tarimbados na cozinha, na arte do fogão é tentar e fazer esta iguaria como um desafio. Fabricar uma "Taiada" tipicamente caçapavense.

Já que estamos falando com muitas pessoas ao redor deste mundão de Deus, fica aí a receita para quem quiser fazer a tal de "Taiada", lembrando assim da pacata cidadezinha de Caçapava que já teve três nomes diferentes, a saber: Caçapava Velha; Caçapava (o nome atual) e Nova Caçapava que virou um bairro local. Todos estes lugares são dentro da mesma cidade que cresceu e não sabe para onde vai....

Segue a receita para os mais curiosos e que dominam o fogão e sabem cozinhar, ou mesmo para os que desejam arriscar a fazer a tal iguaria, (eu jamais tentaria, pois nem sei fritar ovo, quanto mais me arriscar a fazer este doce). Tentem aí! Se desejaram, também podem encomendar este doce que existe no mercado municipal da cidade. É assim do jeitão bem caipira mesmo, com sotaque e tudo. (Sem risos gurizada!)...

– Primeiro mói no escorçador a cana, de preferência cristal; depois pega o caldo, leva ao forno de cobre ou de ferro; em seguida ferve o caldo durante noventa minutos, até ficar no ponto;

– Neste momento, desce do fogo e junta farinha de mandioca e gengibre. As quantidades são as seguintes: Para forno de 20 litros, 50% de farinha e 100 gramas de gengibre moída; depois leva toda a mistura à forma de madeira, especialmente fabricada para isto; em seguida, deixa na forma uma hora para esfriar e tomar solidez. Depois é só comer, ficar feliz e correr para o abraço.

– Fácil não? Para quem sabe é simples assim!

Eu mesmo gosto muito desse doce, apesar de não ser deste lugar, me afeiçoei por demais, (olha o jeitão caipira de falar aqui), as pessoas daqui do lugar. Diga-se de passagem, são na verdade, pessoas muito decentes, as que vivem em Caçapava. Elas são uma mistura de pessoas daqui com as oriundas de vários lugares que vieram trabalhar na região do Vale do Paraíba, assim é chamada essa região onde está situada Caçapava. Aqui ainda temos as quatro estações que podem ser bem diferentes das outras regiões do Brasil. Aqui sabemos que no inverno é frio, no verão calor, no outono as folhas caem e na primavera vemos os quintais e matas floridas. Diferentemente de algumas das regiões do Brasil que já está tudo mudado. Chove demais no verão e seca no inverno, mas a cidadezinha de Caçapava ainda pode ser chamada de um pequenino paraíso no meio do "Vale do Paraíba". Afinal, até nos jornais locais só dão notícias sobre São José dos Campos, que dista 26,5 quilômetros daqui, no sentido do Rio-São Paulo, e Taubaté, que fica a 21,9 quilômetros aproximadamente, indo pela BR. 116, sentido São Paulo-Rio. Poucas são as notícias de Caçapava que está no meio destas duas cidades maiores e bem mais ricas que a pequenina Caçapava.

De um lado podemos visualizar a Serra da Mantiqueira, que liga a região de Campos do Jordão, (conhecida também como a "Suíça Brasileira" e as vezes chamadas erroneamente de "Campos de Jordão". É um município brasileiro do estado de São Paulo onde se concentra alguns afortunados. Localiza-se na Serra da Mantiqueira, a uma latitude 22°44'22" Sul e a uma longitude 45°35'29" Oeste, estando a uma altitude de 1.628 metros acima do nível do mar. O frio é a principal característica de Campos do Jordão. Em algumas épocas do ano, Caçapava também, influenciada pelas mudanças regionais típicas daqui se torna muito fria. Só não chega a congelar nem cair neve, mas as vezes é quase insuportável o frio que faz pelas bandas de cá! Verdade!

Como disse anteriormente, gostaria muito que este fosse o lugar onde Vicentino voasse tranquilamente e, com uma companheira fizesse os ninhos que iriam povoar ainda mais os altos prédios locais com lindos filhotinhos de pardais... (Risos). Até parece que aqui tem prédios altos, posso contar nos dedos quantos tem... Desde que cheguei aqui a treze anos atrás, não consigo contar mais que dez deles!

Mas quanto a voar, isto não será possível, porque agora, creio eu, que Vicentino não voará mais devido ao acidente com o gato. Sua asa esquerda está, ao que me parece, meio atrofiada e com perda dos movimentos. Ele ainda não consegue bater sua asa esquerda direito. Espero que isto mude e ele melhore. Conforme Dr. Lucas disse, pode ser que tenha se rompido algum tendão que faz parte da locomoção deste membro. Neste caso, os nossos problemas apenas começaram, e os dele também... Todavia, ele está vivo e isto é o que importa!

Contudo, com o Vicentino é uma surpresa atrás da outra! Ainda hoje à noite, quando estava aqui tranquilamente rebuscando minhas ideias e escrevendo o quinto capítulo deste livro, lá por voltas das 02:40 da manhã, levei mais um baita susto daqueles... Como sempre acontece...

Gosto de escrever nas madrugadas, pois o silêncio favorece a concentração. Ouço apenas alguns latidos ao longe e quase nada de barulho. Como disse, estamos em Caçapava e aqui o silêncio a noite é brutalmente favorecido. Quanto presto mais atenção, ouço alguns carros ao longe passar lá na BR. 116, mas quase não se dá para ouvir nada!

E quando já estava totalmente absorvido pela digitação e os pensamentos todos voltados na edição do quinto capítulo, eis que ouço um barulho de batidas estranhas. Aqueles Plaft; Plaft; Plaft Plaft... Eram sons rápidos e consistentes, numa cadência rítmica bem perceptível. No primeiro momento não liguei para o que ouvia, haja vista, as vezes meu vizinho faz alguns barulhos estranhos em sua casa e, sabendo disto, não me importei no primeiro momento. Também não pude distinguir de imediato o que eram aqueles sons estranhos que escutara e vinham, ao que me pareceu, da direção de nossa área de serviço!

Em segundo, também pensei que fosse a nossa jabuti fêmea que, com sua força exagerada, ela costuma empurrar tudo que encontra pela frente, mas devido o barulho persistir e parecendo "flaps" batendo, pois eram batidas sequenciais, veio-me à mente que fosse alguns dos nosso Pets, os cães, o réptil (Anitta) ou até mesmo nosso pássaro – o Vicentino. Dei um pulo da cadeira e saí às pressas para confirmar minhas suspeitas. Queria que fosse a Anitta (a jabota) que é a espalhafatosa da casa como sempre, mas infelizmente não era. Quando olho para dentro da gaiola de Vicentino, puxando uma pequena parte do tecido que cobre a mesma para evitar entrada de raios de luz, que perturbe seu sono à noite; vi ele caído no fundo da gaiola. De perninhas para o ar, se debatendo, tentando se virar. Meu coração foi a mil. Pensei que ele estava morrendo naquele exato momento. É uma sensação péssima, cuidar de um animalzinho e vê-lo padecer bem aos nossos olhos...

Fiquei por demais aborrecido ao ver nosso pardalzinho naquela situação. Sabemos que é difícil ver um serzinho tão frágil lutar para se manter de pé e não conseguir devido as suas sequelas. Naquele momento pensei... Não devo chamar minha esposa, até porque ela irá trabalhar bem cedo e cortar seu sono seria improducente, porém, meu medo fez-me pensar: – "Se Vicentino estivesse morrendo; o problema no dia seguinte seria maior ainda." Neste caso, duvido muito que ela estaria disposta a ir trabalhar caso ele morresse. Sei que seu amor por este pardalzinho é demais e isto a deixaria fora do eixo no dia seguinte. Heloísa então, como ficaria? Detive minha ansiedade em chamá-las...

Ambas estavam no andar superior dormindo, claro, a estas horas não poderiam estar acordadas. Diante destes pensamentos, mantive a calma, retirei o Vicentino da gaiola com uma certa dificuldade, devido ao tamanho das minhas mãos, que mal dá para passar pela portinhola. Tomei bastante cuidado ao pegá-lo ainda de patinhas para o ar, (imaginem a cena terrível), se debatendo com as asas para baixo... Retirei-o evitando apertá-lo ao passar pela portinha, mas consegui. Percebi de imediato seu coração estava super acelerado. Bem sei que as aves morrem por causa do estresse e aquela situação tinha tudo para matá-lo. Haja vista que, se eu não estivesse ali naquele exato momento, com certeza Vicentino estaria morto ao amanhecer. Mas como Elohim é providencialista, ele fez com que eu estivesse no lugar certo e na hora certa e, mais uma vez nosso pequeno protegido foi salvo das garras da morte.

Retirei-o da gaiola e ao colocá-lo no sofá que fica exatamente na saleta em que eu estava, percebi que ele ficou acelerado. O medo era tanto que ele ficou correndo de um lado para outro, extremamente assustado. Estendi de novo minha mão, o qual de imediato pulou nela, e correndo pelo meu braço foi até meu ombro. Diante desta situação, esqueci totalmente a tarefa de digitar o quinto capítulo. Tive que passar aquela noite, até o amanhecer, com Vicentino sendo vigiado. Procurei dar-lhe um pouco de água, mas ele também quis comer. Comeu muito e bebeu bastante água. Fiquei com ele no meu ombro e vira e volta ele descia pelo braço para ir até seu pote de água. Bebia e subia novamente a todo instante.

A posição que eu me encontrava era muito desconfortável e cansativa, portanto, tentei me reposicionar para descansar um pouco, afinal já eram mais de três horas da madrugada. Procurei me deitar, de forma que Vicentino pudesse ficar mais confortável. Feito isto, logo ele deitou sobre meu peito e ficou ali por um bom tempo. Preocupado em não pegar no sono e, de repente, acabar me deslocando e matando o Vicentino. Vendo que ele já estava mais calmo, o retornei à gaiola.

Interessante é que ao colocá-lo na palma de minha mão, evitando assim, ter que introduzi-lo tendo-o entre minhas mãos, pois minha preocupação é com o tamanho da portinhola. Se ele fica no meio da mão poderia amassá-lo e até matá-lo. Mas vi que Vicentino não queria sair de minha mão e retornar para sua gaiola. Ele sempre se sente seguro quando está conosco, principalmente tocando nossos corpos, seja nas mãos, nos ombros ou mesmo em nosso peito quando estamos deitados. Não sei se tem a ver com o calor que emanamos, ou simplesmente pela confiança e segurança oferecida. Imagino que ele já tenha trauma deste local, (refiro-me à gaiola), devido aos últimos acontecimentos; (o ataque do felino e as quedas). Esta é apenas uma conjectura de minha parte em relação ao lugar dos acidentes (a gaiola). Creio que da mesma forma que somos traumatizamos quando nos acidentamos, ou até entramos em estado de choque, seja em um acidente de carro, um incêndio, terremotos ou mesmos assaltos em uma cidade, ficamos aterrorizados querendo sumir desse local. Assim penso que no caso dos animais, exista uma memória instintiva, avisando que aquele lugar oferece perigo e não proteção. Com isso eles se estressam e ficam muito agitados! Era o que me parecia estar acontecendo exatamente ao Vicentino!

Para minha tranquilidade, ele entrou na gaiola e com isto consegui retornar para meu sofá e tentar pegar no sono. Deitei-me, porém, intranquilo, pois a qualquer ruído eu dava um salto e voltava para vê-lo. Assim seguiu-se aquele restante de noite até o amanhecer, de uma forma que, era só cochilar um pouquinho e acordar logo em seguida. Minha mente estava no Vicentino, receoso que ele caísse novamente e eu não o visse a tempo de socorrê-lo, aí as coisas piorassem mais do que já estavam.

Quando minha esposa desceu para ter seu desjejum e acabar de se preparar para seguir ao seu trabalho, somente neste momento comentei o ocorrido com ela. Como disse, minha preocupação era não atrapalhar seu sono, tendo em vista que ela precisaria ir para seu trabalho.

Desde aquelas horas da madrugada e até o transcorrer de todo aquele dia, sem vacilar um só instante, Vicentino foi observado durante o dia todo. Não saiu do meu campo de visão um só momento!

Procurei colocar sua valise de areia seca para que ele pudesse ter seu costumeiro banho de areia. Como o tempo estava um pouco frio (naquele dia), procurei não colocar água, de forma que ele não tomasse banho frio, com isso, perdesse calor e energia para se aquecer depois, já que estava perdendo bastante vigor para se recuperar da terrível noite anterior. Tomou bastante banho em sua areia preferida, um asseio completo. Parecia uma criança em uma piscina de bolinhas coloridas. Comeu também parte dela, pois as aves precisam de grãos deste tipo para agir na moela que ajudam na digestão. Por fim, procurei dar-lhe seu prato preferido, sua porção de formigas pretinhas. Ele comeu centenas delas. Seu papo ficou bem cheio que até sentiu sono. Logo depois desses acontecimentos surgiu uma pequena fresta entre as nuvens e o sol brilhou momentaneamente, procurei colocá-lo nestas "réstias de sol[27]" para que se aquecesse um pouquinho. Evito sempre que possível colocá-lo sob correntes de ar, devido ao seu pequenino corpo, diante de correntes de vento ele perde calor muito rápido, pois está lhe faltando muitas penas. Mas estando ele já mais aquecido, resolvi voltá-lo para área de serviço e mantê-lo lá pelo resto do dia.

Do seu trabalho minha esposa ligou para saber como estava o estado do seu amiguinho de penas. Claro que depois daquele susto, só tive que lhe dar as boas notícias. Vicentino já estava bem melhor. Quando ela retornou à tarde do trabalho percebeu que seu papo estava tão cheio que ela me perguntou...

– Será que ele não vai passar mal por isso! - Referia-se ao tamanho do seu papo, cheio de guloseimas. – Ele está comendo muito! Completou ela com certo alívio. Eu de pronto respondi que acreditava que não.

– Ainda vou perguntar ao Dr. Lucas se Vicentino poderia tomar algum suplemento vitamínico para auxiliar em sua recuperação, visto que ele já perdeu muita energia em sua recuperação. Foi a ideia que passei a minha esposa. Pois sabemos que uma dieta adequada, com uma alimentação, (creio que uma farinhada), adequada pode ajudá-lo ainda mais, porque imagino que muito breve ele entrará em muda de penas.

Assim esperamos, para vê-lo mais atraente, como era antes!

Heloísa ficou sabendo também logo pela manhã do ocorrido e como, tal mãe, tal filha, fez questão de ligar da faculdade para saber notícias, preocupada com seu pardalzinho de estimação... Onde também lhe dei as boas novas do dia! E que dia!

---

[27] **Réstia:** Substantivo coletivo de alho ou cebola; ajuntamento de alho ou cebola, porém no nordeste do Brasil, dizer "réstia de sol" significa referir-se ao ajuntamento dos raios solares em apenas um local da casa, ou em qualquer outro.

Capítulo 7

Depois De Tudo, O Duro Golpe!

Quando julgava que as coisas já estavam equilibradas, aí vem aquele "duro golpe" que te pega e despedaça todo seu peito mostrando o quão frágeis estamos diante da vida que nos cerca. Gostaria muito que este capítulo não fosse escrito, mas tive que prosseguir, mesmo com meu coração estraçalhado de dor para contar a vocês que, tenho certeza, já amam o Vicentino pela sua bravura, determinação e pelas histórias de vida que este pequenino emplumado nos deixa em vários exemplos citados na dissertação dos capítulos desta obra.

Conta uma história jocosa, porém de muita valia moral, que vi encenada no programa "Zorra Total" em quatorze de abril de 2007 sobre a "Saga de Joseph Climber - Ele nunca desiste". Gostaria de pedir licença aos autores da peça e a todos vocês para fazer um pequeno paralelo na comparação da história de Joseph Climber com a história de Vicentino – nosso pardalzinho de estimação, pois ele também "não desiste nunca". Alguém que nasceu para voar alto, livre e exuberante pelas pradarias[28] e campos das cidades, hoje não vai poder mais fazer isto, pois seu destino foi selado por um ataque felino brutal, porém, tal qual

---

[28] **Pradarias:** 1. Série de prados mais ou menos próximos. 2. m.q. *PLANÍCIE.*

Joseph Climber "ele não desiste nunca" e jamais se dará por vencido enquanto o fôlego da vida estiver em suas narinas.

Ainda sobre sua determinação em vencer cada batalha do dia-a-dia, nesta guerra de vida e morte, faço um plagio usando a letra do nosso "Hino Nacional Brasileiro", quando diz... *"Verás que um filho teu não foge à luta"*; e sabemos que, como um bom brasileiro que é, desta mesma forma, nosso pardalzinho Vicentino jamais fugirá desta luta da vida, pois *"Nem teme, quem te adora, a própria morte"*... Este guerreiro lutará pela sua vida até o último suspiro! Assim foi quando nasceu e assim será até o derradeiro momento! O amor à vida é a razão de nossa existência! E se perdermos o impulso na direção deste alvo, estamos fadados ao fracasso, restando-nos apenas o sentimento de derrota e vergonha!

Sei que as notícias expostas aqui não são as que eu realmente gostaria de passar a vocês, afinal criançada, até aqui o "Contador" chegou, mas confesso que está muito difícil a cada dia acompanhar a luta desta criaturinha pela sua vida, isto realmente é de partir o coração! Os reveses são tamanhos que não vejo mais um pardal voando, mas sim um "espírito puro", cheio de amor, ternura e meiguice, que nos traz um legado escrito com lágrimas de sangue. Percebemos que até Dr. Lucas já o trata como tal. Com um amor desmedido, sem fronteiras ou laços, fora do âmbito estritamente comercial, mas compelido por uma ternura e um amor imenso dedicado ao Vicentino. Por isso e muito mais, segue aqui nosso agradecimento formal ao Dr. Lucas pela sua dedicação!

Prosseguimos agora com muitos mais detalhes que nos fizeram chegar a este ponto limiar, extraordinário e crucial desta saga...

Mesmo sob todos os cuidados recomendados e determinados pelo seu veterinário, Dr. Lucas, Vicentino sempre foi tratado com muita atenção, porém, conforme passaram os dias notamos um endurecimento na textura da pele da sua asa esquerda, com mudanças bruscas na sua coloração. Atemorizada Heloísa contatou Dr. Lucas e enviou várias fotos para ele analisar e nos tranquilizar, o que de pronto solicitou a presença do Vicentino, pois o caso dele passou de regular para gravíssimo. A necrose havia voltado e aumentou progressivamente colocando Vicentino sob sério risco de morte que poderia ser causada por uma infecção generalizada. Para evitar que isto acontecesse, corremos de volta com ele e, depois de analisá-lo, Dr. Lucas nos deu a péssima notícia (...); - *"Vicentino deverá ter sua asa esquerda amputada".*

Correu um ar gélido naquela sala e em nossos corpos, pois foi naquele momento quando olhei para minha esposa, de cara percebi suas lágrimas rolarem pela sua face rubra. Heloísa, de igual forma já soluçava com Vicentino entre suas mãos. Eu, me fazendo de durão, digo "me fazendo" mesmo, pois era exatamente assim que eu estava, porque por dentro meu coração se encontrava esmagado como a carne que passa na moenda do açougueiro, literalmente despedaçado. Afinal, aqui em casa, todos nós cuidamos do Vicentino, o amamos igualmente e independentemente de qualquer coisa, seja de dia ou de noite, ele sempre tem assistência total de nós três. Muito amor e dedicação é o que damos a ele o tempo todo!

Hoje foi um dia muito triste, com esta notícia avassaladora, mas sabemos que amanhã, (se for possível) será pior ainda, quando deveremos trazer nosso pequenino tesourinho emplumado com uma asa a menos para habitar conosco. Bem sei o quanto de choro e lágrimas vai haver entre nós... Afinal, ele dava seus voos rasantes de ombro a ombro...

Não sei garotada quantos de vocês tem animais de estimação, mas quero tentar expor o que é receber uma notícia assim. Para os pais que tem seus filhos, sabem exatamente o que é a dor de perder um filho ou vê-lo sofrendo, assim, comparativamente somos nós com o Vicentino.

Dr. Lucas me falou uma palavra que eu desconhecia em relação aos seres humanos e os nossos animais de estimação. A palavra é "Print". Esta palavra refere-se àquela situação em que o animalzinho relaciona o ser humano como se fosse mais um da espécie dele, que o ajuda e o protege. Assim, Vicentino age conosco o tempo todo, nos vê como se fôssemos um dos seus amiguinhos emplumados, como a mãe que protege o filhote quando nasce, e ainda mais como seu amigo e parceiro. Por isso entendo bem o que disse um grande homem Nobel da paz de 1952:

"Quando o homem aprender a respeitar até o menor ser da criação, seja animal ou vegetal, ninguém precisará ensiná-lo a amar seu semelhante."
Albert Schweitzer (Nobel da Paz - 1952)

Com base nesta declaração de Albert Schweitzer (Nobel da Paz - 1952), fico muito à vontade para dizer que já alcançamos esta maturidade aqui em casa, pois é impossível nos ver maltratando qualquer animal, isto nos causa terror só em pensar...

Talvez para muitos isso não seja importante, porque é apenas um pardal sem a menor importância, mas para nós não se trata de um simples pardal, mas de um ser vivo que amamos, faz parte de nossas vidas e depende de nossos cuidados, depois do nosso Criador, claro!

Dormiremos esta noite, porém nossos pensamentos estão em querer saber: – "Como deve estar neste momento nosso pequenino?" Afinal, é a primeira vez em anos que ele fica fora de casa... Teve que ficar internado apara fazer a cirurgia de amputação de sua asa amanhã...

Teremos uma noite longa e triste até a amanhã!

Foi uma noite daquelas em que pedimos que o dia não chegue tão cedo, mas isto é impossível, a vida deve continuar...

Então, gurizada deste mundo de Elohim (Deus)! Eis-me aqui de novo – o Contador, trazendo-lhes as mais chocantes histórias da Saga deste nosso guerreiro que ainda se mantém de pé nesta "Batalha de Titãs" apesar do seu pequenino porte físico. Sua luta é ferrenha, sem recuos ou atemorizações, mas com bastante garra, determinação e muita vontade de viver a vida que o Pai Eterno lhe concedeu...

Nasce um novo dia nos céus de Caçapava, porém, tenho certeza que já não serão mais como eram antes. Sabemos que nosso querido pardalzinho está sequelado por um capricho do destino que lhe fora traçado mesmo antes de nascer. Todavia, em absoluto, atribuiremos culpas a alguém, nem tão pouco reclamaremos com nosso Criador, pois Ele é que determina todas as coisas que acontecem nos céus e na Terra, e por estarmos debaixo de sua soberania suprema, absoluta, justa e desejável, jamais discutiremos a razão e os porquês disso tudo que está se passando. Entenderemos o que aconteceu ao nosso pequenino não como uma coisa aleatória, mas como o destino que YHWH (Yahueh) decidiu para ele. Tudo já dantes fora traçado, delineado e escrito nos planos do Eterno e Altíssimo Senhor dos senhores. Nada acontece por acaso, como nos garante sua Palavra Sagrada escrita no alcorão:

"Ele possui as chaves do incognoscível[29], coisa que ninguém, além d`Ele, possui; Ele sabe o que há na terra e no mar; e não cai uma folha (da árvore) sem que Ele disso tenha ciência; não há um só grão, no seio da terra, ou nada verde, ou seco, que não esteja registrado no livro lúcido." (6ª Surata versículo 59)

É de manhã e aqui estou eu contando a história em parte, pois a maior surpresa ainda estará por vir, quando nossos olhos focarem dentro dos olhos do nosso pardalzinho que, a esta altura (imagino) já sem uma de suas asas, poderia nos fazer muitas perguntas, se ele pudesse falar, claro. Quem sabe perguntar o porquê de tudo isto com esta frase:

---

[29] **Incognoscível**: 1.Que não é cognoscível.2.Substantivo masculino. *O que é impossível conhecer.*

– "Para onde foi a minha asa?" – "O que vocês fizeram com ela?" – "Por que fizeram isto comigo?" - Vocês deviam me proteger, mas me deixaram aqui e eles tiraram a minha asa... – "Como poderei voar agora?"

Essas e tantas outras perguntam que estraçalham nossos corações, pois não temos a resposta certa para aliviar a dor da perda de um membro tão importante para a vida de nosso anjinho emplumado. Com certeza, aquele olhar nos dirá tudo e mais algumas coisas que são impossíveis, com meras palavras descrever a tamanha dor que estamos sentindo por nosso querido pardalzinho Vicentino.

Mas a vida deve seguir seu rumo, como um rio que desce em direção ao mar e nada poderá detê-lo em alcançar seu alvo. Assim devemos ser, fortes e destemidos, mesmo diante das dificuldades que se apresentem em nossos caminhos. – Mas será que o Vicentino entenderia isto? Fica aqui uma dúvida crucial! Vamos seguir em frente e buscar nosso pequenino assim que tiver alta da sua cirurgia, esta que levou uma parte do seu minúsculo corpinho, mas restou-lhe a vida e é nesta que devemos nos apegar e focar toda nossa alegria e gratidão àquele que deu a vida para este pequenino ser vivente!

– Quem mais do que ele está tão triste por ver sua criação com imensa dor? O nosso Criador sim, com certeza, pois ele compartilha de todas as nossas dificuldades e com isso nos acode nos momentos mais difíceis e tristes que passamos, seja nós os seres humanos ou mesmo seus animais. Porque tudo é d`Ele, e foi feito por Ele e para Ele, em louvor de sua majestade e glória eterna. Nunca se esqueçam desta observação, ela é muito importante, garotada!

A cirurgia de Vicentino estava marcada para a parte da manhã, aproximadamente às dez horas, entretanto, Heloísa ligou para saber se ele havia entrado para ser cirurgiado, quando foi informada que a mesma fora adiada por conta de um pequeno detalhe. Vicentino teve que ficar em dieta por um período de aproximadamente umas duas horas, entretanto, quando foram sedá-lo ele demonstrou ânsias de vômito, o que demonstra que apenas as duas horas não foram suficientes para eliminar toda a alimentação que havia ingerido. Dr. Lucas então suspendeu a cirurgia e remarcou para o período da tarde, quando uma dieta maior já haverá transcorrido diminuindo assim o risco de vômitos que poderiam causar danos ao nosso pequenino Vicentino.

Heloísa mesmo na faculdade manteve o dia todo contato com Dr. Lucas e sua mãe, que se encontra no trabalho. Claro que queremos saber o mais rápido possível as notícias sobre Vicentino! Imagino que até vocês estão curiosos e apreensivos quanto a isto... Acertei? Pois bem...

À tarde, lá por volta das quinze recebi um telefonema de minha esposa dizendo que Vicentino já havia sido operado e tudo transcorreu muito bem na cirurgia, nossa maior preocupação ainda é o pós-operatório. Entretanto, para que pudéssemos trazê-lo de volta era necessário esperar que ele acordasse e que Dr. Lucas o liberasse. Esperar, esperar, e esperar, era tudo que podíamos fazer naquele momento. Na verdade, gostaríamos mesmo é de estar lá com ele, mas sabemos que nada ia mudar. O que tinha que ser feito, foi feito! No entanto, a ansiedade era muito grande, pois afinal íamos olhar para nosso pequenino anjo em forma de ave e vê-lo sem sua asa esquerda, outrossim, temos que dar graças ao Eterno por tudo que passamos com ele. Todavia, até aqui, ele sobreviveu e este já é um bom motivo para agradecermos!

Neste momento gurizada, vocês nem imaginam quão ansiosos estamos para vê-lo. Não é diferente de um filho, pois Vicentino ocupa um lugar todo especial no lar da família Bergmann Pantoja.

"Faço questão de colocar uma foto dele tirada no mesmo dia em que retornou para casa sem sua asinha. Olhem e nos diga se isso não é coisa do Criador!"

Vicentino;
O Pardalzinho
de Estimação...

Capítulo 8

A Dor e a Tristeza Invadiu Nosso Lar...

Precisamente as 16:50 fui receber minha esposa que chegava do seu trabalho e a encontrei em prantos no portão... Assustei-me e por osmose deduzi o que havia ocorrido, o pior aconteceu! Foi quando ela me disse que Heloísa havia ligado e dito que as últimas notícias foram as piores... Infelizmente Vicentino teve uma parada cardíaca e faleceu!

Minha voz embargou e até agora estou em prantos, pois isto ocorreu hoje, horas atrás, quando ainda com meus olhos cheio de lágrimas e coração despedaçado de tanta dor tento digitar estas linhas, no intuito de dizer a vocês o quanto é duro perder um amigo... Vicentino era meu amigo fiel. Vivia em meu ombro, pulava pelos nossos corpos, comia em nossas mãos, deitava entre nós para se esquentar e buscar proteção.

– Não é possível que ele tenha ido embora... Não estou aborrecido com meu Elohim (Deus), mas devo fazer-lhe algumas perguntas:

– Por que ele Senhor? Por que tivestes que tirar de nosso convívio um serzinho que não fazia mal a ninguém? Por quê Senhor, por quê?

– Tu bens sabes que nossos corações estão despedaçados pela quantidade de tristezas que emana em nosso ser. Nossa alma chora por Vicentino. Oh meu YHWH (Yahueh)! Sei que tu me escutas e sabes dos nossos corações, pois minha esposa e Heloísa estão inconformadas e muito tristes neste exato momento. Vicentino não era um somente um simples pardal, tu bem sabes disto Senhor! Sabemos que algo a mais havia na vida daquele empenadinho tão amado. Sabemos que tu Senhor queres nos dizer alguma coisa que ainda não decodificamos, porque nossas mentes não estão puras o suficiente para alcançar tuas maravilhas. Agora me diga, simplesmente... Porquê Senhor tivestes que levar Vicentino retirando-o do meio de nós?

– Responda-me por favor, eu te imploro!

Não vou aqui falar de justiça, pois sou o mais miserável de todos os pecadores, e pouco entendo da tua justiça tão certa e amável, mas venho falar-te de amor, este que agora está doendo, como uma estaca cravada em nossas almas pela súbita separação daquele que amamos.

Tu bem sabes que amamos o Vicentino de uma forma tão sublime e pura, pois este ser não tinha nada material para nos dar, mas algo muito mais valoroso tu colocaste nele, aprendemos a amar e amar sem receber nada em troca. O amor que ele nos passava era o bastante para encher nossas almas de alegria. Nisto está o teu poder de criar o incriável fazendo do absurdo a coisa mais certa que possa existir.

Vou aqui me valer da letra de uma música do cantor Antônio Marcos, e quem é brasileiro sabe bem a quem estou me referindo, cujo título é: "Se eu pudesse conversar com Deus!". Farei uma paródia para falar ao meu Elohim usando as palavras desta música e assim expressar minha terrível dor...

Eu hoje estou tão triste... Eu precisava tanto conversar com Deus. Falar desse problema, também lhe confessar tantos segredos meus! Saber se foi a hora de terminar esta pequenina vida e perguntar: "Porque nosso Vicentino morreu?"
Se a felicidade existe realmente, ou se é um sonho meu!
Eu sei que é impossível, mas eu queria tanto conversar com Deus. Nestas horas tão tristes só Deus nos ajudaria a entender o que aconteceu com você Vicentino!
Mas sei que estou errado, sou eu quem devo buscar a presença de Elohim para meus problemas resolver... Meu rosto está molhado de lágrimas cansadas de chorar por você Vicentino!

Sinceramente, esta tarde terminou e já chegou mais uma noite, uma das centenas que virão, e que vamos passar sem nosso pardalzinho de estimação. Serão noites pensativas, de tristeza pela falta de um amigo!

Faço aqui posse de uma licença poética, mas não vou retirar o que já havia escrito à tardinha de hoje quando soube que nosso Vicentino já havia sido operado. Prontamente escrevi no último parágrafo do capítulo 7, pág. 89 e assim vou deixar aqui em memória ao nosso guerreirinho de penas.

Ainda consternado e abalado com a notícia de sua morte, procurei fazer um caixãozinho de madeira de Araucária onde vamos fazer o enterro de nosso Vicentino. Não iremos buscá-lo hoje, pois não estamos em condições de fazer isto, mas talvez amanhã ou depois procederemos ao seu enterro com toda a dignidade que ele merece.

Fiz questão de eu mesmo manipular seu caixão e faço, mas questão ainda de enterrá-lo em nossa horta suspensa que fica nos fundos de nossa casa. Talvez até faça um mausoléu para ficar sempre com ele entre nós. Ainda com dúvidas, vou decidir depois sobre o que faremos!

Como disse, as fotos serão póstumas, haja vista não tivemos como trazer o nosso pequenino com vida.

Se nos perguntar o que houve, jamais saberia dizer a razão. Ele apenas foi e não voltou com vida! Coisas que somente Elohim (Deus) pode nos dizer. Mas há segredos que são para a glória do Altíssimo e não para nossa vã compreensão. Cabe-nos aceitar sua suprema vontade!

Vicentino, foi um guerreiro nato e se existe um céu dos passarinhos, com certeza ele está voando lá com outros amiguinhos. Feliz como era, e que o Eterno nos perdoe se foi por nossa culpa que fez com que ele fosse subitamente retirado de entre nós. Nunca saberemos!

Fica aqui uma pergunta Senhor – Meu Deus Criador... Por acaso nossos pecados são tão terríveis que um ser puro como Vicentino não possa habitar conosco? Seria isto Senhor? Creio que não...

Sabemos que a luz não se mistura com as trevas, pois são incompatíveis. Digo isto, pois sei que se ele morreu e não pôde ficar conosco, é porque no mínimo, não o merecíamos e não estávamos à altura de sua imacularidade. Um ser tão puro que teve que partir para junto do Altíssimo, pois tudo que é d´Ele, retorna para Ele. Assim é o seu fôlego e o espírito de vida que há em todos os seres viventes é d`Ele!

Mas obrigado Senhor YHWH (Yahueh) por tua bondade em deixá-lo conosco por algum tempo. Tempo este que nos fez exercitar o amor que há em nós, que veio de ti e que é verdadeiro. Todos nós te agradecemos por esta oportunidade de falar do teu nome e dizer o qual significante é uma simples vida, mesmo a vida de um pardalzinho que muda a nossa de uma forma tão radical. Obrigado por este exemplo a nós deixado, que sei, jamais será esquecido.

Ao meu amigo Vicentino, se eu tivesse tido tempo de dizer a ti algumas palavras antes de tua partida, eu diria simplesmente que "TE AMO DE VERDADE..."

Aprendi com meu Criador o que é amar alguém sem querer nada em troca. Sequer exijo sua presença Vicentino, pois sei que aí estaria te segurando em tua jornada. Vá meu amigo, vá voar nos céus dos passarinhos, agora aproveite bastante, pois sei que ao partir daqui, no exato momento, recebestes novas asas. Límpidas, sadias e cheias de vigor para voares os prados e planícies celestiais. Voa, voa meu passarinho querido e amado. E nunca te esqueças que aqui na Terra tiveste um lar de alguém que te amou mais que tua mãe quando caístes naquela grama relegado à morte certa. Talvez nosso único erro Vicentino, foi ter te amado demais, mais do que realmente deveríamos, sendo assim, nosso Criador achou por bem afastar-nos. Ele te levou sem que pudéssemos dizer "Adeus meu amigo!" Agora só nos resta chorarmos ao sentarmos em frente à TV e perceber tua falta. Quando com os teus chilreados, nos dizia... "Venha aqui e me coloque em tuas mãos!"

– Meu coração está triste, minhas lágrimas descem e meu coração explode de tristezas quando escrevo esta mensagem a ti. Sei que és uma alma vivente criado por Elohim, mas na palavra d`Ele o mesmo afirma que nada é por acaso, e que nada fica oculto ou não pode ser visto por Ele. Sei que tu bem sabes, meu amigo, meu companheiro de penas, quanto te amamos, pois sentimos tuas dores, cuidamos de ti quando pudemos e ficamos acordados para que dormisse e descansasse das tuas aflições. Assim, espero que o nosso bom YHWH (Yahueh) – o Deus Criador me nos dê paz para vencer a tristeza que se abateu em nossos corações. Porque tanto eu, Heloísa e Margarida sentiremos muito a tua falta aqui em nossa casa.

Vá em paz e em paz durma o sono dos inocentes...

Heloísa manda beijos e seus cabelos ainda estão aqui para quando quiseres tomar banho, sabes bem o quanto ela gostava que tu ficasses em seus cabelos loiros tomando aquele seu banho de alegria e prazer.

Guida, minha esposa, chora tua partida e não se conforma, porque ontem tu estavas aqui conosco, quando te levamos a clínica, comestes a tua papinha e tomaste água, como sempre fazia quando estavas perto de nós. O calor de nossas mãos te aquecia, com amor e muito carinho.

Meu amigo Vicentino, que o Pai celestial nos perdoe se não pudemos evitar tua partida. Mas soube que partistes dormindo. Anestesiado. Teu coraçãozinho minúsculo parou e neste momento Elohim (Deus) te recebeu em seus santos braços.

Dói demais escrever isto. Dói muito saber que até ontem eu dormir pensando em te buscar, pois tinha certeza que virias conosco, mesmo sabendo que não terias mais a tua asinha esquerda, (isso para te livrar da necrose que a consumia), para nós o que importava era tê-lo aqui. "MAS HOJE SERÁ DIFERENTE, QUANDO ACORDAR AMA-NHÃ SABEREI QUE NUNCA MAIS VAIS ESTAR CONOSCO..."

É triste demais te dizer isto. Meu coração chora por ti. Meu querido e amado Vicentino!

Que Yeshua Há, Maschiach, nosso Salvador Jesus no dê a vossa paz e consolo nessas horas tão tristes.

Adeus meu amigo! Todos da família Bergamann Pantoja te ama e chora por ti!

Capítulo 9

Vicentino, Mais Que Vencedor!

Ele não voltou para sua casa, onde cresceu e viveu até hoje, exatamente ao vinte dias do mês de fevereiro de 2019 nosso amiguinho emplumado voou para sua última revoada, onde jamais esteve um dia, agora foi se juntar ao seu Criador. Conosco ele viveu até o dia de ontem, quando, por causa de um ataque de um gato teve sérios ferimentos que resultaram num tratamento longo e penoso. Dias se passaram e uma necrose começou. Tratamos e ela regrediu, entretanto, dias depois ela reapareceu bem mais intensa, denotando a falta de irrigação na asa esquerda. Diante deste quadro, não se podia fazer mais nada a não ser amputar o tal membro doente. Dr. Lucas, em momento algum poderia deduzir que Vicentino corresse risco de morrer na cirurgia, haja vista sua vitalidade. Ele estava bem, esperto e vigoroso, com exceção de sua asa que estava necessitando ser removida para não o matar de sépsis. Porém como não somos os detentores da vida nem da morte, mas simplesmente soldados do Criador para ajudar naquilo que podemos, assim fez Dr. Lucas Amaral. Com muita dedicação, procedeu a cirurgia, mas infelizmente nosso pardalzinho já estava sendo chamado em uma nova escala de voo, para partir em uma viagem que ele faria sozinho. Nunca poderíamos imaginar que seria desta forma. Vicentino ainda foi submetido a cirurgia que transcorreu tudo bem, embora ele não voltou da anestesia, pois teve uma parada cardíaca, vindo a falecer logo em seguida, sem que nada Dr. Lucas pudesse fazer para evitar.

Ele jamais desistiu de viver... Mesmo se tivesse ficado com apenas uma asinha, seria sempre nosso anjinho guerreiro em forma de pardal, sempre amado e cortejado por todos nós. Vicentino ainda iria nos causar muitos sustos com suas peraltices de sempre, sabemos disto e não duvidamos. Embora, o mais importante é que ele lutou até o fim por sua vida, mas foi vencido pelo espírito da morte que vem do Senhor Criador e morreu dormindo em paz! Se o Pai o chamou, ele atendeu!

Lutou a luta dos guerreiros que jamais fogem da batalha e assim viveu sua pequena trajetória de vida na Cidade de Caçapava, no interior do estado de São Paulo, aqui no Brasil onde começou a "Saga do pardalzinho mais charmoso que alguém possa ter conhecido um dia".

Mesmo sendo os pardais considerados domésticos, aqui em casa até brincamos, quando nos referimos a ele como "uma ave de rapina", um verdadeiro filhote de gavião... Ele era duro na queda! Não se deixava abater nunca!

Então garotada deste mundo afora, o "Contador" ficou está muito triste com a partida inesperada do nosso amiguinho Vicentino, entretanto, por outro lado feliz em poder dividir com todos vocês todas as tristezas e as muitas alegrias que tivemos. Quem sabe, ainda poderíamos ter tido outras histórias com nosso Vicentino, caso papai do céu não tivesse solicitado sua presença com ele dia 20/02/2019 quando escrevo estas linhas. São exatamente 22:23, horário do Brasil do dia em que meu amigo partiu. Fiz questão de escrever mesmo no dia de sua morte, pois aqui fica toda minha emoção, lágrimas, prantos e soluços enquanto meus dedos trêmulos percorrem e digitam as teclas de cada palavra que digo sobre ele, pois todas elas veem do fundo do meu coração dilacerado. Mas entendendo tudo isto como um legado que Vicentino nos deixou, seria um grande egoísmo de nossa parte querer manter estas histórias em segredo, afinal, quem não gosta de ter um bichinho de estimação assim? Não é verdade?

E Vicentino foi um herói da sobrevivência! E para ele faremos um enterro digno, com amor, pois ele merece muito! Tudo deverá ser registrado para compor o final desta saga...

A história de Vicentino – O pardalzinho de estimação mais querido deste mundo! Ele será colocado em seu caixãozinho, (que eu mesmo faço questão de fabricar), e será sepultado com honras de amor e carinho pelos seus tutores da família Bergamann Pantoja.

Estamos de luto pela partida do nosso querido amigo Vicentino!

"O Duro Golpe da Separação!"

Capítulo 10

No Céu Dos Passarinhos... Voa Amigo!

Hoje é sexta-feira, dia 22 de fevereiro de 2019, dia em que fomos buscar o corpinho do nosso amado amigo Vicentino! Tivemos que esperar pelo menos dois dias, pois ainda não nos refizemos do tão duro golpe que a vida nos deu com a morte do nosso pardalzinho. Confesso que fiquei muito apreensivo neste momento porque me sentia muito sensível e incapaz diante de tudo que ocorreu. Sei bem o que sinto por ele, e como gosto de ouvir conselhos, farei o que Heloísa e Guida me disseram. Vocês talvez não acreditem e podem até achar que estou superlativando o acontecido, mas confesso que nem eu mesmo sabia que ia me sentir tão mal com a partida do Vicentino. É um sentimento de vazio e de total fragilidade!

Minha esposa aconselhou-me algumas vezes nesses últimos dois dias, preocupada com a minha reação ao ver nosso amiguinho sem vida, para que eu não visse quando fôssemos buscá-lo. Prometi a ela que não iria vê-lo apesar de ter muita vontade, mas como ela mesma me disse:

– "Bom é que tenhamos em mente a última visão dele quando estava bem e interagindo conosco", e complementou. – "Eu mesma não quero vê-lo assim", (referia-se a ele sem vida quando fôssemos pegá-lo com Dr. Lucas Amaral na clínica Vitta). Antes, porém, quero falar de algo muito interessante que aconteceu comigo enquanto eu fabricava a urnazinha funerária e o mausoléu do Vicentino...

Lembrei que tinha uns pedaços de mármores branco guardado, e com certeza, sabia que daria muito bem para eu fazer um mausoléu em que pudesse colocá-lo, porque em momento algum pensamos em enterrá-lo ou mesmo deixá-lo em qualquer lugar. Nossa intenção é conduzi-lo para onde formos; Vicentino irá sempre conosco.

Estava na parte de trás de nossa casa, mais precisamente na edícula, distraído com a construção do mausoléu, quando de repente chegou um pardalzinho e ficou chilreando sozinho na minha direção. Tanto fez que me chamou bastante à atenção. Ao olhar para ele, deduzi que o mesmo não se encontrava mais que dois metros de distância de mim, em cima de uma caixa de papelão, com trinados que eu imaginei. – "O que será que ele quer?" - Naquele momento meus olhos encheram-se de lágrimas e eu pensei... – "Como estes seres são totalmente puros, quem sabe seja uma mensagem do Vicentino, afinal, nunca tinha visto um pardalzinho assim." Bem sei que Deus usa homens e animais, ele faz o que quer, pois o mundo e as criaturas são todas deles. Assim creio! Ainda mais quando temos uma cachorrinha por nome de Suzi, da raça Pinscher e que jamais dispensou latir para os pardais, porém, naquele caso, ela não latiu e sequer atentou para ele, mesmo com todo aquele chilreado estranho que nosso amiguinho fazia. Parecia desesperado querendo me dizer algo! Uma cena muito chocante para quem estava como eu, triste construindo uma urna para colocar meu amiguinho.

Para quem não viveu o que vivemos, poderá chamar tudo isto de pura coincidência, mas para nós que cremos em YHWH (Yahueh) – O criador de todas as criaturas, imagino que fosse algo a nos dizer, tal como:

– "Fique calmo rapaz, eu o levei para mim! Ele está muito bem!"

Às vezes fico a me perguntar... – Será que foi uma mensagem? E se foi, o que estaria o Criador dizendo? E como irei descobrir isso? Talvez um dia quando estiver diante do nosso Pai Eterno ele possa me dizer o que significava aquele pardalzinho ali, naquele exato momento de minhas tristezas. Afinal meu amigo está morto e eu muito melancólico!

Por inúmeras vezes naqueles momentos me peguei com as lágrimas descendo dos meus olhos, caindo sobre as peças de mármore que estava sendo cortadas para construir o pequenino mausoléu.

É uma sensação de incompetência completa, saber que nada podíamos fazer a não ser chorar pelo nosso pequenino Vicentino que partiu.

Contudo, depois de algumas horas de trabalho conclui com muito êxito, zelo e dedicação à obra que iniciara, e por sinal, ficou muito boa. Tanto a urna de madeira, com sua tampinha e tudo mais, quanto ao mausoléu todo feito de mármore. Mas a hora fatídica se aproximava, pois havíamos marcado às dezoito horas com Dr. Lucas na Veterinária Vitta para os acertos finais.

Infelizmente chegou a hora e pegamos o pequenino mausoléu com a urnazinha de madeira dentro dele, apenas sua tampa superior estava ainda por seu lacrada, pois só faria isto quando Vicentino já estivesse dentro dela. Neste ínterim, levamos também a Anitta, nossa jabota para uma consulta, porque ela precisava ser vermifugada preventivamente.

Como sempre, durante a viagem até Taubaté o tempo estava feio. Muitas nuvens carregadas pairavam sobre nós e isto não era bom presságio, afinal, parece que todas as mazelas dos últimos dias nos aconteceram com o tempo fechado ou mesmo pré-disposto a chuvas pesadas. Sabemos que isto é apenas coincidência, mas é um marco que fixa nas mentes e liga os fatos ao tempo, deixando nos apreensivos e atentos.

Finalmente chegamos antes do horário marcado e o coração já pulava dentro do peito, pois tudo que vinha em nossas mentes estava relacionado ao Vicentino. Fomos recebidos pela atendente do Dr. Lucas e ficamos a aguardando na sala de espera, pois ele estava saindo de uma cirurgia de outro jabuti que ali se encontrava em tratamento cirúrgico.

Conversa vai, conversa vem, de tempos em tempos tínhamos que dar uma respirada e mudar o assunto, pois as lembranças eram muito fortes relacionadas ao nosso querido pardalzinho. Eu olhava para o pequenino mausoléu em meu colo e tudo voltava à mente, não havia maneira que pudesse nos desvincular daqueles pensamentos fúnebres.

Tempos depois aparece o Dr. Lucas que de pronto olhou para Guida (minha esposa) e deu-lhe um abraço, comentando que sentia muita nossa perda, porém ele havia feito tudo para tentar salvá-lo, mas não conseguiu. De fato, depois entendendo bem a questão da evolução da necrose, cremos que ela já havia ultrapassado os limites de segurança para mantê-lo vivo, mesmo que sua asinha tivesse sido amputada, fatalmente ele não sobreviveria. Talvez a infecção já estivesse por dentro o que causou a sua parada cardíaca. Enfim, entendemos muito bem que nem sempre os veterinários conseguem êxito cem por cento, pois existe uma margem de risco quando se faz uma cirurgia e tivemos que optar por fazer e correr o risco, ou do contrário, deixá-lo para morrer sofrendo e sendo corroído pela necrose. Claro que esta segunda opção jamais aceitaríamos. Sempre escolhemos o melhor para o Vicentino!

Dr. Lucas tinha seus olhos marejados de lágrimas, pois tem um amor especial pelos animais, tanto que no dia do ocorrido, deixou de fazer duas cirurgias, porque as condições eram as piores no que tange ao fator psicológico. Ele bem sabia do amor com que lidamos com Vicentino. Toda a clínica Vitta ficou de luto por ele! Realmente o clima era muito ruim. Ninguém deseja perder um ser que ama, muito menos quem cuida dele. Nem sequer os médicos veterinários, quanto mais seus donos. Mas ali estávamos nós, Heloísa com os olhos lacrimejando e eu da mesma forma. Neste clima seguimos para a sala de consulta. Porém, a primeira coisa que fiz foi perguntamos onde estava Vicentino! Dr. Lucas respondeu que na parte superior... Logo o traria para nós!

Como nosso pai Eterno é o dono da providência e dos milagres. Algo muito interessante aconteceu naqueles dois dias de espera!

Uma amiga de Dr. Lucas, médica veterinária havia passado algo semelhante, tal como aconteceu com Heloísa, encontrado um filhotinho de pardal, só que fêmea. Ela cuidou e esta filhotinha cresceu um pouquinho, mas ainda não tinha dois meses. Como a Dra. não tinha tempo para cuidar dela, as coisas estavam se complicando. Necessitava urgente de alguém que pudesse ficar com aquela criaturinha esplêndida. Mas a pardalzinha é um poço de simpatia. Ela chilrea para vir na mão, quase como dizendo; – "Ei, eu quero ir aí!" - Ela interage totalmente com o ser humano, tanto que Dr. Lucas juntou o útil ao agradável em relação ao fato de nós termos perdido o Vicentino. Então ele enviou um vídeo dela para Heloísa perguntando se gostaríamos de ficar com a pardalzinha. Após uma pequena reunião de família, decidimos por adotá-la. Sabíamos que por Vicentino, nada mais poderíamos fazer, então, nada mais justo que cuidar daquela a qual ainda se podia fazer alguma coisa de bom. Com isto em mente, ficou acertado de ficarmos com ela. Mas como eu estava focado com a mente no Vicentino, nem me lembrei deste fato, quando estávamos nos dirigindo para a sala do Dr. Lucas.

Assim que Dr. Lucas entrou, teceu alguns comentários sobre nossa jabuti e logo pediu licença. Disse que voltava em minutos. Quando retornou, realmente tivemos esta bela surpresa. Ele trouxera a pardalzinha. A primeira pergunta foi qual nome devíamos dar a ela. Ainda não tinha nome, pois a Dra. sabia que isto deveria ficar a cargo de quem a adotasse. Dito feito! Resolvemos que depois daríamos um bom nome para ela. Depois de uma sessão de carinhos, choros e sorrisos, ela foi colocada na mesma gaiolinha que trouxemos o Vicentino, a famosa UTI Móvel. Lembram dela? A mesma agora ira retornar...

Ainda sob o clima de tristezas e alegrias, Dr. Lucas passou a examinar Anitta. Fez muitos comentários sobre o estado atual dela e acertamos em reafixar a placa do casco com nova resina cirúrgica.

Após receitá-la, com os devidos medicamentos aproximou-se àquela hora mais terrível, que era trazer o nosso pardalzinho Vicentino. Imaginem vocês o clima de tristeza naquela sala. Como havia prometido à minha esposa que não iria vê-lo morto, pois bem sei que ainda estava muito abalado. Heloísa também expressava esta mesma preocupação com minha pessoa, então passei ao Dr. Lucas a urnazinha funerária para que Vicentino já viesse dentro nela, sem que o víssemos.

Eu havia forrado a urna com um tecido de veludo verde de tal forma que deixei abas adicionais maiores que o tamanho de largura e comprimento, de forma que pudessem ser dobrados para dentro, sobre o corpinho dele. Na tampa eu já havia feito furos guias e coloquei dois preguinhos minúsculo para que a tampa já viesse previamente fechada.

Dr. Lucas saiu levando a urna e logo retornou com ela e nosso Vicentino em seu interior. O choro foi tanto que ele me pediu se poderia me dar "um abraço". Vi naquele gesto amigo todo amor e carinho que um profissional dedica aos seus clientes, entendendo a dor de uma perda tão relevante. Mesmo que quisesse, não conseguia parar de chorar naquele momento. A voz embargada e as lágrimas desciam pelos meus olhos, quando recebia aquele abraço do Dr. Lucas como se fosse um alento tentando amenizar aquela dor que sentia.

Olhando os olhos do Dr. Lucas, víamos claramente que ele também sofria, pois aprendera a amar Vicentino. Era nítida sua comoção diante de tudo aquilo que aconteceu, mas por outro lado, ele mesmo foi o mentor que Elohim (Deus) usou para que, no mesmo momento da nossa dor, nos trazer outra filhotinha de pardal. Claro que não iria substituir Vicentino, mas certamente compor as novas alegrias que teríamos com a presença dela em nossa casa! Como disse Mahatma Ghandi:

"A grandeza de uma nação pode ser julgada pelo modo que seus animais são tratados!"

Depois de tudo, conversamos mais sobre alguns detalhes enquanto eu pegava o mausoléu, já com a urna e Vicentino em seu interior. Guida apressou-se e pegou a nossa pesada Jabota Anitta, mas que de pronto, Dr. Lucas cavalheiramente a tomou de suas mãos, ajudando-a, devido ao peso de onze quilos. Heloísa pegou a UTI Móvel com sua mais nova ocupante e seguimos, acompanhados todos juntos para a recepção, onde acertamos os detalhes financeiros e ali mesmo nos despedimos.

Eu deveras fiquei muito preocupado também com Dr. Lucas, pois eu me coloco no seu lugar e imagino o que se passou na cabeça dele ao ver que Vicentino não resistiu. Ele sabe a avalanche de amor que dedicamos ao nosso querido pardalzinho, e com base nesta empatia, ficamos também comovidos com a situação do Dr. Lucas que em momento algum teve nenhuma culpa sobre o ocorrido. Temos a certeza absoluta que todas as vidas estão nas mãos do nosso Criador YHWH (Yahueh) e ninguém tem o poder de dar ou tirar se "Ele" assim não permitir. Vicentino pertence ao Senhor e ele resolveu levá-lo, só isso!

Os médicos são pessoas que Deus usa para nos auxiliar, mas em cada corte, cada sutura, cada extração ou mesmo curativos, estão as mãos do Criador. Ele é que dá inteligência, força, sagacidade, percepção e tudo o mais necessário para o exercício de uma ótima medicina. Ao homem natural está implícito entender que a vida não é uma coisa tangível, não é negociável, não pode ser dada ou retira-la, se o Criador não a consentir. Portanto, diante dos fatos ocorridos com nosso pardalzinho, o Dr. Lucas foi mais um enviado de Elohim para nos ajudar. Assim pensamos e assim agradecemos a este magnífico profissional. Que as bênçãos do Senhor – "El Shaday – o Todo Poderoso" esteja sempre na vida do nosso querido Dr. Lucas, extensivo a toda sua família.

Durante nossas conversas em seu consultório, ouvi uma frase de Dr. Lucas a qual gostei muito, e que faço questão de registra-la aqui muito, pois nos é pertinente para que todos nós jamis esqueçamo!

Disse ele:

"Respeitar os animais é um dever de todos.
Amá-los é um privilégio para poucos!"
(Dr. Lucas Amaral)

Ao retornarmos para casa, ainda notei e comentei sobre as densas-nuvens nos céus. Eram muito negras mesmo, e olha que eu não me incomodo muito com nuvens daquele tipo, mas aquelas eram um terror. Os céus estavam de uma negritude só, com nuvens negras macabras. Mesmo assim continuamos seguindo a viagem até nossa casa naquele mesmo fusquinha azul de sempre.

Ao chegarmos, a primeira coisa que fiz foi dirigir-me até a edícula e proceder lacrar hermeticamente tanto a urna quando o mausoléu de Vicentino. Fiz tudo com muito cuidado, zelo dentro de uma áurea sepulcral, onde o silêncio perdurava, mas as palavras falavam na mente.

Optei por colar a tampinha da urna de madeira que já se pré-dispunha de dois preguinhos minúsculo, mas antes disto, não contrariando o que me pedira minha esposa para não ver Vicentino, não pude deixar de tocar e sentir seu corpinho pela última vez. Ao retirar a tampinha para aplicação de um filete de cola branca sobre as beiradas da urna, tive que levar meus dedos e sentir mais uma vez aquele minúsculo corpinho que eu tanto amo. Senti mesmo por cima do veludo verde, aquele que foi o corpinho que eu cuidei, amei e me dediquei por dias e noites. Não poderia deixar de fazer isso! Não iria me perdoar se não tocasse, mesmo que pela última vez, aquele que foi uma das maiores alegrias que tive nesta vida. – "Meu pardalzinho de estimação!"

Naquele momento, em meus pensamentos eu disse: "Vai com Deus meu amigo, e saiba que te amo muito! Tu fazes uma falta incrível!"

Passei a cola, mas tive que fixar os preguinhos sem pregá-los totalmente, deixando apenas suas cabeças bem para fora, mas uma coisa interessante aconteceu! Quando minha esposa ouviu o barulho do pequenino martelinho batendo na urna de Vicentino, notei seu amor fluindo com um grito que ela deu... – "Não bata muito nele assim!" Entendi aquilo como o grito de uma mãe que diz; – "Não o maltrate, por favor!" Eu não sei se as pessoas conseguem entender estes momentos, imagino que somente sente e saiba, quem já passou por isso. Não há nada aqui em casa que possa fazer nos esquecer de Vicentino. Ele foi e ainda é importante para nós, independente do que pensem sobre nós ou ele. Vale o que sentimos e vivemos ao lado desta criaturinha dos céus! Um verdadeiro anjinho de asas, repleto de amor incondicional.

Lacrei a urna e cobri bem delicadamente com um pedaço triangular de veludo fino verde, e a depositei no fundo do mausoléu de mármore. Ali eu via pela última vez o meu pequenino amiguinho que se foi...

Havia preparado uma cola tipo epóxi e passei na tampa de mármore em todos os locais necessários para manter uma vedação hermética, finalizando assim aquele processo fúnebre, onde a tristeza imperava, mas de muita importância para todos da família Bergmann Pantoja.

Terminado, levei para dentro de casa e coloquei sobre um móvel ao lado da minha mesa de trabalho. Algumas últimas palavras foram ditas e Vicentino agora descansa em paz nos céus dos passarinhos, mas seu minúsculo corpinho está conosco para sempre naquela urna. Criei umas artes com "arabescos"[30] para afixar nas laterais e tampa da urna

---

[30] Arabescos são desenhos formados por **padrões geométricos** que fazem parte da **cultura dos países muçulmanos**. Para o povo muçulmano os arabescos significam a representação do mundo invisível e impalpável, do infinito e da grandiosidade da natureza da criação de Allah.

de mármore, bem como, redigi uma linda mensagem na parte superior frontal para nosso Vicentino, esta que está aí na foto abaixo!

Agora mesmo enquanto redijo este capítulo, posso olhar a minha esquerda e ver o seu pequenino mausoléu todo branquinho em cima do armário. Como ele gostava muito de ficar comigo enquanto eu digitava meus manuscritos, fazendo uma algazarra tremenda, ao ponto de muitas vezes eu ter que parar o que estava fazendo para dar-lhe mais atenção. Agora ele fica ao meu lado o dia todo e todos os dias enquanto estou trabalhando em meus livros. Era o que ele mais gostava de fazer...

Uma lembrança com muito amor e carinho! Que saudades de ti...

"Mausoléu e urna funerária do nosso pardalzinho Vicentino"- (Antes´e depois).

"Mensagem da família posta no mausoléu do Vicentino."

Capítulo 11

A alegria de poder doar amor!

Olá garotada que nos acompanharam até aqui... Estas foram as aventuras da Saga do Vicentino que teve um começo, um meio e um final que gostaríamos que tivesse sido diferente, mas a vida tem dessas coisas. Nem tudo termina com alegrias, mas sabemos que ele está bem nos céus dos passarinhos com nosso Papai dos Céus – o Elohim Criador. Contudo, não podemos deixar vocês com perguntas sem respostas, para isso eu vou me estender um pouquinho mais para dizer sobre a escolha do nome demos a nossa mais nova mascotezinha, a pardalzinha adotiva.

Com certeza, as nossas emoções não terminaram com estas façanhas do nosso querido Vicentino, creio que muito mais coisas deverão ocorrer, mas espero que não venham acompanhadas de acidentes, pelo menos é o que desejamos! Depois de tantos sustos, uma pausa nos cairia muito bem, vocês não acham? - (Risos)... É o melhor remédio!

Para a nova pardalzinha que ganhamos da amiga de Dr. Lucas, restava-nos ainda dar um nome bem bonito para ela.

– Mas que nome seria este? Tínhamos várias as opções!

Durante a vinda para casa, quando fomos buscar Vicentino, cogitamos vários nomes. Eu disse alguns, Heloísa disse outros, mas o que prevaleceu mesmo foi o que Guida sugeriu. Diante de tantas dúvidas, e num ato de quase imposição, Guida declarou impolutamente:

– Pronto, ela vai se chamar Clarice! É um bonito nome, não acham?

Clarice significa: "a que é brilhante", "luminosa" ou "ilustre". Clarice é derivado do nome próprio Clara, que por sua vez é uma variação do nome Clarissa. A raiz etimológica deste nome está no latim "clarus", a partir do adjetivo clara, que significa "brilhante" ou "luminosa".

Quem sabe um dia eu possa contar todas as aventuras de Clarice, mas aí já será "outras histórias", então, sem promessas, "okey"?

No mais, garotada, assim o seu amigo, o "Contador" fica por aqui agradecendo a todos os leitores que adquiriram esta obra para seu entretenimento, contudo, fiz questão de deixar estas histórias registradas, para que ninguém tenha dúvidas das providências divinas e do poder transformador do amor em nossas vidas. E com todos os acontecimentos os quais tivemos que enfrentar, por mais difíceis que nos pareciam, quando pensávamos que não havia uma solução, as providências divinas se fizeram presentes vindo ao nosso encontro. Por isso, só temos a agradecer ao nosso bom e adorado Elohim Criador (Deus – o Eterno Criador) pela singela oportunidade de mais uma vez podermos exercitar o amor, a fé e a esperança, mesmo que para isso o Criador tenha nos enviado um serzinho tão minúsculo e tão amado, nosso belo e querido pardalzinho de estimação - O Vicentino! Que a cada dia nos trazia sempre muitas alegrias em nosso viver, mesmo diante de tão duras lutas que eram travadas em batalhas de vida e de morte, dia após dia!

Diante de tudo isso, podemos entender que a vida tem valores que jamais podem ser pagos com dinheiro, mas somente com amor e gratidão. E é esta a grande diferença, que fez com que nosso Elohim e Criador Eterno viesse aqui neste mundo, manifestado na forma humana de Yeshua Ha'Maschiach (Jesus - o Messias) sacrificando sua própria vida para pagar um alto preço, e preço de sangue, morrendo numa cruz em resgate de muitos, para que todo aquele que nele crer, não pereça, mas tenha a vida eterna! Tudo só por amor a nós, os seres humanos!

Fiquem todos com as bênçãos apostólica de Paulo – um servo do Elohim Altíssimo – YHWH (Yahueh), e como tal sou, eu o endosso!

"Que a graça do Senhor Yeshua Há Mas-
chiach (Jesus Cristo – o Messias), e o amor
do Eterno Elohim YHWH – Yahueh (Deus), e
a comunhão do Ruach Há Codesh (Espírito
– o Santo) sejam com todos vós!" Amém!
(2 Coríntios 13.13).

Fim

"O justo tem consideração pela vida dos seus animais, mas as afeições dos ímpios são cruéis."
(Provérbios 12:10).

Sobre o Autor

Biografia.

Felício Pantoja Campos da Silva Junior, nascido na cidade do Rio de Janeiro - antigo Estado da Guanabara, no dia 04 de maio 1962. Filho de Maria Socorro Sousa da Silva e Felício Pantoja Campos da Silva.

Filho de pais nordestinos, oriundo de família pobre, da qual tem mais dois irmãos e uma irmã.

Estudou em escolas públicas e somente depois de trabalhar é que conseguiu estudar em colégio particular.

Casado com Margarida Bergmann Pantoja, descendência alemã, mora em uma pequena cidade interiorana de São Paulo - Brasil. Iniciou seus estudos de Engenharia Mecânica na Faculdade Anhanguera - Taubaté-SP, mas devido a questões pessoais de trabalho, trancou a matrícula e foi trabalhar em Cachoeiro do Itapemirim-ES. Retornou aos seus estudos, naquela mesma cidade pela UNES - Universidade do Espírito Santo, porém, mais uma vez, mudou-se com destino a Madre de Deus - BA, não conseguindo voltar a frequentar a faculdade de engenharia pelo trabalho que executava naquela região.

Ingressou na FEST - Filemon - Escola Superior de Teologia onde concluiu o curso "Bacharel em Teologia", dentre outros. Na sequência, com seus estudos contínuos, concluiu a pós-graduação do bacharelado, depois o mestrado e, por conseguinte, o doutorado, sendo graduado, onde lhe foi conferido o título de Teólogo, Mestre e Doutor.

Detentor de centenas de poemas e poesias de temas variados, onde algumas destas podem ser encontradas em seus livros à venda no site da Amazon, apenas procurando pelo nome do autor, tais como: A Outra Parte De Mim... É Você!; Sedução; A Farsa De Um Coração; Barreiras Do Impossível; Eu Não Sou Deus; Máquina Animal; Delírios Da Mente; O Beijo Da Serpente; Fagulhas Do Destino; Filhos Da Morte; Na Guerra do Amor; Vicentino - O Pardalzinho de Estimação. etc. E mais os dois primeiros volumes da trilogia "Mundos Estranhos – A Saga da Nação Zinikã."

Todavia, ainda espera terminar o terceiro volume da série "Mundos Estranhos – A Saga da Nação Zinikã (O Enigma) – Vol. 3, finalizando assim esta bela trilogia de um mundo épico de aventuras espetaculares de um povo guerreiro que vai "Além da Morte" desde "A Primeira Geração" lutando várias guerras sem medidas contra seres dos "mundos estranhos".

Felício Pantoja é um homem simples, porém de muita fé, que aprendeu com o YHWH (Yahueh) que ainda vale a pena exercitar a prática do amor incondicional, puro e verdadeiro neste mundo em que o caos predomina arraigado pelos pecados do ódio, da cobiça e da ganância, que sempre afasta a criatura humana do seu Criador YHWH (Yahueh).

Outras Obras

De Felício Pantoja.

Primeira Publicação - Livro:
Mundos Estranhos - A Saga da Nação Zinikã (A Primeira Geração)
Volume 1
Editora: Biblioteca24horas
1ª Edição: dezembro de 2013
ISBN: 978.85-4160-579-3
2ª Edição: novembro 2018
ISBN: 9781.7901-80653

Segunda Publicação - Livro:
Mundos Estranhos - A Saga da Nação Zinikã (Além da Morte) Volume 2
Editora: Biblioteca24horas
1ª Edição: fevereiro de 2014
ISBN: 978-85-4160-634-9
2ª Edição: dezembro de 2018
ISBN: 9781-7905-25362

Poesias / Poemas:
A Outra Parte De Mim... É Você!
(Poesias de uma vida...) – Volume 1
1ª Edição: dezembro de 2018
ISBN: 9781-7905-25362

Sedução
(Poesias de uma vida...) – Volume 2
1ª Edição: dezembro de 2018
ISBN: 9781-7921-12782

A Farsa De Um Coração
(Poesias de uma vida...) – Volume 3
1ª Edição: dezembro de 2018
ISBN: 9781-7926-03013

Barreiras Do Impossível
(Poesias de uma vida...) – Volume 4
1ª Edição: dezembro de 2018
ISBN: 9781-7926-58266

Eu Não Sou Deus
(Poesias de uma vida...) – Volume 5
1ª Edição: janeiro de 2019
ISBN: 9781-7941-59211

Máquina Animal
(Poesias de uma vida...) – Volume 6
1ª Edição: janeiro de 2019
ISBN: 97817-9422-4285

Delírios Da Mente
(Poesias de uma vida...) – Volume 7
1ª Edição: janeiro de 2019
ISBN: 97817-9435-3077

O Beijo Da Serpente
(Poesias de uma vida...) – Volume 8
1ª Edição: janeiro de 2019
ISBN: 97817-9441-8349

Fagulhas Do Destino
(Poesias de uma vida...) – Volume 9
1ª Edição: janeiro de 2019
ISBN: 97817-9468-1903

Filhos Da Morte
(Poesias de uma vida...) – Volume 10
1ª Edição: janeiro de 2019
ISBN: 97817-9515-8473

Na Guerra do Amor
(Poesias de uma vida...) – Volume 11
1ª Edição: fevereiro de 2019
ISBN: 97817-9558-3367

Vicentino –
O Pardalzinho de Estimação
1ª Edição: fevereiro de 2019
ISBN: 97817-9463-3834

* Publicações Futuras:

Terceira Publicação - Livro:
Mundos Estranhos - A Saga da Nação Zinikã (O Enigma)
Volume 3